Inhaltsverzeichnis

Walter Lübeck

Die

Reiki

Hausapotheke

Reiki-Behandlungen
zur begleitenden Therapie
von über 40 Krankheiten
Mit naturheilkundlichen Ergänzungen

WINDPFERD

Verlagsgesellschaft mbH.

Die in diesem Buch vorgestellten Informationen, Anleitungen und Rezepte sind sorgfältig recherchiert und wurden nach bestem Wissen und Gewissen weitergegeben. Dennoch übernehmen Autor und Verlag keinerlei Haftung für Schäden irgendeiner Art, die direkt oder indirekt aus der Anwendung oder Verwertung der Angaben in diesem Buch entstehen.

Um Mißverständnissen vorzubeugen: Die Abbildungen in diesem Buch zeigen der Anschaulichkeit halber nackte Menschen; dies bedeutet jedoch keinesfalls, daß Reikibehandlungen nur unbekleidet ausgeführt werden können oder müßten.

1. Auflage 1993
2. Auflage 1994
3. Auflage 1994
© Windpferd Verlagsgesellschaft mbH
Alle Rechte vorbehalten
Umschlaggestaltung: Monika und Wolfgang Jünemann,
unter Verwendung einer Illustration von Berthold Rodd
Zeichnungen im Innenteil: Ute Rossow
Gesamtherstellung: Schneelöwe, D-87648 Aitrang
ISBN 3-89385-115-1

Printed in Germany

Einleitung

In den letzten Jahren hat das USUI-System des Reiki eine enorme Verbreitung auf der ganzen Welt gefunden, besonders in Amerika und West-Europa. Längst vorbei sind die Zeiten zu Beginn dieses Jahrhunderts, als es noch eine kleine Bewegung einiger engagierter Japaner war. Anfangs war sie um Dr. Mikao USUI, den Wiederentdecker und ersten Großmeister, geschart - und später um seinen Nachfolger, den Arzt Dr. Chujiro Hayashi und seine Reiki-Kliniken.

Gab es noch zu Beginn der 80er Jahre eine einzige Reiki-Meisterin, die in Europa beheimatet war und lehrte, so sind es heute allein in Deutschland an die 1000! Aus dem Abseits einer esoterischen Randgruppe hat sich Reiki, wohl nicht zuletzt aufgrund seiner großen Heilungserfolge und seiner leichten, sicheren Handhabung auch für medizinische Laien, zu einem Thema entwickelt, das sogar mittlerweile die großen Illustrierten, das Fernsehen und den Rundfunk zunehmend beschäftigt.

Es gibt ein gutes Dutzend Buchveröffentlichungen in deutscher Sprache, und nach glaubwürdigen Schätzungen haben allein in Deutschland mindestens 300.000 Menschen, darunter sehr viele Laien, aber auch immer mehr Ärzte, Heilpraktiker, Masseure, Krankengymnasten und Psychologen Kurse für den 1. Grad (Grundlagen) oder den 2. Grad (Vertiefung) besucht. So interessieren sich immer breitere Gruppen der Bevölkerung aus den unterschiedlichsten Gründen für Reiki.

Nicht unbedingt jeder Laie verfügt über das Fachwissen auf medizinischem oder lebensenergetischem Gebiet, um seine in einem Reiki-Kurs erworbenen Fähigkeiten im Rahmen der Hausmedizin bei Bagatellerkrankungen oder zur begleitenden Therapie bei schwereren Befindlichkeitsstörungen passend anzuwenden. Aber auch viele professionelle Heiler wie Ärzte und Heilpraktiker tappen naturgemäß erst einmal bei der Nutzung der universellen Lebensenergie des Reiki unter den Sachzwängen des Praxisalltags ein wenig im dunkeln.

Deswegen habe ich mich entschlossen dieses - mein drittes - Buch über diese wunderbare Heilkunst zu schreiben. Mein Erstling, »Das Reiki-Handbuch« (ebenfalls im Windpferd Verlag erschienen), beschreibt die Therapie mit Reiki in Theorie und Praxis umfassend und ausführlich. Es kann deshalb jederzeit zur Vertiefung der im vorliegenden Buch genannten Methoden hinzugezogen werden. Aber es hätte den Rahmen des umfangreichen Handbuches gesprengt, wären so viele spezielle Reiki-Anwendungen auch noch aufgenommen worden. Mit der *Reiki-Hausapotheke* ist nun endlich der passende Rahmen dafür gegeben.

Damit wirklich überwiegend neue Behandlungsformen dargestellt werden können, habe ich mich hier bewußt auf ein Minimum absolut notwendiger Informationen aus meinen anderen Publikationen zum selben Thema beschränkt. Das Buch ist also bis zum Rand mit neuem Wissen gefüllt! Gleichzeitig wird hier, meines Wissens zum ersten Mal, die direkte Verbindung zwischen Reiki-Anwendungen und Ernährung ausführlich dargestellt. Das ist trotzdem nicht neu. Dr. Chujiro Hayashi, der zweite Großmeister in der neuzeitlichen Reiki-Tradition, kombinierte und erforschte in seinen Reiki-Kliniken in Japan sehr intensiv die Möglichkeiten, Reiki noch effektiver wirken zu lassen, indem er zum Beispiel passende Diäten, Wassertherapie und auch psychologische Mittel anwendete.

So kann jeder, ob Laie oder medizinischer Profi, aus den hier vorgestellten Informationen viel Nutzen ziehen und für sich und andere neue Dimensionen des Reiki-Heilungssystems erschließen. Viel Erfolg und Freude mit Reiki wünscht Dir Dein

Die Reiki-Hausapotheke

Kapitel 1

Wie heilt Reiki?

Um Reiki kreativ und auch unter schwierigen Bedingungen erfolgreich anwenden zu können, ist es wichtig, über die Gesetzmäßigkeiten der Reiki-Kraft gründlich informiert zu sein. Diese Regeln gelten für jeden Grad und für jede Anwendung, vom Auflegen der Hände bei Reiki 1 über Fern- und Mentalbehandlung bei Reiki 2 bis zur Einweihung auf der Meister/Lehrer-Ebene, und für die Kombination mit anderen Methoden, wie Heilsteinen oder Aromatherapie.

Die sieben Gesetze der Reiki-Heilung

○ 1. Reiki wird je nach Bedarf vom *Inneren Kind** in die auf allen Daseinsebenen eines Menschen existierenden Disharmonien eingezogen. Reiki kann nie aufgedrängt oder gar in den Menschen hineingepreßt werden. Seine Wirkung ist vom Glauben oder bewußten Willen des Behandelten weitgehend unabhängig. Reiki

---

* Das *Innere Kind* ist eine der drei Hauptfunktionsebenen jedes Menschen. Es ist unter anderem zuständig für: Erinnerungen, Gefühle, vitale Lebenskraft, feinstoffliche Wahrnehmung, Körperlichkeit; Lebenslust; Beziehungsfähigkeit und feinstoffliches Aktionspotential. Es ist sinnlich-körperlich orientiert. Die beiden anderen Hauptfunktionsebenen sind: das *Hohe Selbst*, zuständig für ganzheitliches Lernen, die Persönlichkeitsentwicklung und den individuellen Lebensplan eines Menschen, sowie das *Mittlere Selbst*, zuständig für analytisch-abstraktes Denken, Gewohnheiten, Verarbeiten sinnlicher Wahrnehmungen wie Sehen, Hören, Riechen und so weiter; außerdem steuert es alle Handlungen auf der materiellen Ebene. Dieses Modell stammt aus der HUNA-Lehre, einer sehr alten polynesischen Heilungstradition. Vertiefende Informationen dazu sind in meinem Buch »Reiki - Der Weg des Herzens«, Windpferd Verlag, zu finden.

ist ein Angebot, das von dem damit Behandelten in unterschiedlicher Intensität und damit auch in unterschiedlicher Heilwirkung wahrgenommen werden kann oder auch nicht. Allerdings habe ich in meiner Praxis noch nie erlebt, daß ein *Inneres Kind* überhaupt keine Universelle Lebensenergie akzeptiert. Es kann jedoch mitunter vorkommen, daß die Reiki-Energie zu dem einen oder anderen Bereich von Körper, Seele oder Geist keinen Zugang bekommt oder erst nach langer Behandlungszeit eingezogen wird. Bis dahin fühlen sich diese Bereiche wie kalt oder eben reaktionslos an.

Wovon genau hängt nun die Bereitschaft des *Inneren Kindes* ab, Reiki für sich zu nutzen? Einmal von dem direkten Nutzen, den es zur Zeit in seiner Heilung erkennen kann. Mit anderen Worten, inwieweit seine Bedürfnisse im symptomfreien Zustand unter den gegebenen Umständen zur Zeit befriedigend erfüllt werden. Jede Erkrankung hat einen tieferen Sinn für den Betroffenen, bietet ihm eine Chance, bewußter zu werden und seine Persönlichkeit weiter wachsen zu lassen. Oder auch nur einen, wenn auch noch so wackeligen, Zustand des Gleichgewichts zu schaffen, um noch handlungsfähig bleiben zu können. Hat das *Innere Kind* zur Zeit keine Möglichkeit, einen oder mehrere der angeführten Nutzen zu befriedigen, wird es an einer Heilung nicht gerade engagiert mitwirken.

Weiterhin ist sehr wichtig das Vertrauen in den Behandler, also die Angstfreiheit und Geborgenheit, das Gefühl des Angenommen-Werdens in der therapeutischen Beziehung. Dieser Punkt gilt selbstverständlich auch für die Selbstbehandlung! Erfährt das *Innere Kind* immer wieder eine Abfuhr vom *Mittleren Selbst*, sobald es seine Bedürfnisse nach Sinnlichkeit, Spielen, Lebensfreude, Genuß und dergleichen mehr anmeldet, wird es nicht ohne weiteres die wunden Punkte seiner größten Sensibilität, Unsicherheit und Verletzlichkeit preisgeben. Auch hier muß erst eine neue vertrauensvolle Beziehung geschaffen werden, bevor Reiki ausreichend zugelassen wird. Dann sind da noch die

Umweltbedingungen zu berücksichtigen. Je mehr Reize den Klienten bombardieren, je unwohler er sich im Behandlungsraum fühlt, desto weniger wird sich das *Innere Kind* für Reiki öffnen. Aus diesen drei Bedingungen lassen sich folgende Regeln für die praktische Anwendung von Reiki aufstellen:

- Erkrankungen lassen sich mit Reiki um so schneller und sicherer heilen, je weniger tief sie in der Psyche des Betroffenen verankert sind und

- um tief reichende Erkrankungen erfolgreich zu behandeln, muß das Körperbewußtsein von der Ökonomie der Heilung weitgehend überzeugt sein; es muß daran glauben, daß mit ihr eine Verbesserung, zumindest eine Erhaltung seiner Gesamtsituation in Hinblick auf die Erfüllung seiner Bedürfnisse verbunden sein wird.

O 2. Reiki greift nicht direkt in den Körper ein, sondern regt ihn ausschließlich dazu an, seine natürlichen Funktionen möglichst umfassend wahrzunehmen. Reiki stellt also im Grunde keine Energie im üblichen Sinne des Wortes dar, weil es sich keiner besonderen Qualität wie Yin, Yang und auch nicht einem bestimmten Chakra zuordnen läßt. Es ist nicht-polar und repräsentiert eher eine Information, die sich letztlich mit dem Begriff »Förderung von Lebendigkeit« bezeichnen läßt. Deshalb ist es für die erfolgreiche Anwendung von Reiki überflüssig, polare Zuordnungen der Hände des Reiki-Anwenders zu bestimmten Körperzonen des Behandelten zu beachten. Mit Polarity hat Reiki also nichts zu tun.

O 3. Reiki regt ausschließlich die körpereigenen Lebenserhaltungs- und -entfaltungsmöglichkeiten an; es greift *nicht* direkt in den Stoffwechsel oder die Psyche ein. Deswegen muß man gerade bei chronischen, umfassenderen und in der geistigen Struktur verwurzelten Erkrankungen *zusätzlich* für einen heilungs- und entwicklungsfördernden Input sorgen: also für die entsprechende Ernährung, ausreichende Wasseraufnahme in möglichst guter materieller und energetischer Qualität, dem jeweiligen individuellen Zustand angemessene Lern- und Bewußtwerdungsanreize und die nötigen seelischen und körperlichen Streicheleinheiten. Ebenso ist ein *Output* notwendig, der die Heilung und das Wachstum unterstützt. Dazu gehört körperliche Entschlackung und Entgiftung im weitesten Sinne, soweit sie der Erkrankte verkraften kann. Wichtig ist ferner das individuell passende Ventil zum Abreagieren aufgestauter Gefühle.

Um den Erfolg der ganzheitlichen Heilung zu gewährleisten, heißt es nun, die eigene Kreativität, eine der wichtigsten Begleiterscheinungen jeder ganzheitlichen Heilung, auszuleben und sich zur Anregung des Stoffwechsels genügend körperlich zu bewegen. Es geht also um das vorbehaltlose Annehmen unserer eigenen Körperlichkeit und um die harmonische Verbindung von Geist, Körper und Seele. Tai Chi Chuan, Yoga, Qi Gong, Feldenkrais oder die von mir entwickelten Schwingungsübungen* eignen sich aufgrund ihrer sanften und ganzheitlichen Konzeption sehr gut. Aber auch Spazierengehen oder mäßiges, entspanntes Joggen sind nützlich. Zu vermeiden sind: kräftezehrende, verspannende, leistungsbetonte und einseitige Betätigungen.

Gerade dieser Punkt ist nicht zu unterschätzen. An ihm entscheidet sich nämlich oft, ob schwierige Fälle doch noch in Richtung Heilung und Wachstum bewegt werden können oder nicht.

○ 4. Je weiter die Erkrankung in die Psyche hineinreicht, desto mehr muß der Betroffene an der Heilung mitwirken und bewußt zur Änderung motiviert sein, flexibler werden und lernen wollen. In vielen spirituellen Traditionen gibt es einen alten Lehrsatz: Die Lebensenergie fließt in Richtung der bewußten oder unbe-

---

* Näheres dazu findet sich in meinem »Aura-Heilbuch«, Windpferd Verlag.

wußten Aufmerksamkeit. Befaßt sich der Klient während der Reiki-Behandlung gedanklich mit einer seelisch-geistigen oder emotionalen Störung und hat den aufrichtigen Wunsch, sie konstruktiv zu heilen, sein Sein aus dieser Sackgasse herauszuentwickeln, so wird Reiki in die dadurch angesprochenen, blockierten körperlichen oder energetischen Bereiche eingezogen und kann dort Heilung und Wachstum bewirken.

❍ 5. Reiki kann um so besser wirken, je mehr freier, lebendiger Raum in Körper, Geist und Seele vorhanden ist. Auf den Punkt gebracht: »Mit einer vollen Hand kannst Du nichts Neues fassen!« Für die Reiki-Praxis bedeutet dies, daß zum Beispiel Methoden anderer ganzheitlicher Heilungssysteme wie das Herausdrehen von bestimmten Blockaden, Anwendungen von Heilsteinen, Aromatherapie, schamanische Reinigungsrituale, entspannende Massagen oder aufdeckende Psychotherapie sehr nützlich sind, um optimale Bedingungen für die Wirkung von Reiki zu schaffen. Auf der geistigen Ebene kann zum Beispiel durch das bewußte Aufgeben entwicklungsbehindernder Vorstellungen und Meinungen oder durch die Förderung des bewußten und fairen Energieaustausches im spirituellen Sinne*, im Beruf und im Privatleben sehr viel freier Raum geschaffen werden. In diesem Zusammenhang ist auch die Auflösung karmischer Bindungen durch bewußten Energieausgleich, Übungen zum Loslassen, Trauerarbeit und dergleichen wichtig.

❍ 6. Jede Heilung durch Reiki verläuft im natürlichen, ganzheitlichen Sinne. Auf der seelischen Ebene findet der Heilungsprozeß in drei Schritten statt:
   - »*Wahrheit*« - durch das Bewußtsein beginnt die Heilung. Meist ist sie mit Angst, Schmerz und Leid verbunden.

---

* Vergleiche zur Vertiefung dazu auch die entsprechenden Kapitel meines Buches »Das Tao des Geldes«, Windpferd Verlag.

- »*Liebe*« - die Entscheidung für Lebendigkeit und das Streben zur Einheit zieht oft ein Wechselbad nach sich aus Freude, Erfüllung, Hoffnung auf der einen Seite sowie Unsicherheit, Rückfällen in trennende, krankheitsfördernde Gewohnheiten, Enttäuschung auf der anderen Seite. Daraus entsteht allmählich eine immer geerdeter und realistischer werdende Einstellung.

- »*Erkenntnis*« - sie bringt schließlich den Durchbruch - zur kreativen, konstruktiven und die Lebensqualität insgesamt fördernden Nutzung bisher hauptsächlich verachteter oder in das Unbewußte verdrängter Persönlichkeitsanteile und Ressourcen. Damit ist der Heilungsprozeß abgeschlossen.

Dazu ist wohl noch eine vertiefende Erklärung notwendig: Bevor ein verdrängter oder mißachteter Anteil der Persönlichkeit integriert werden kann und damit Heilung im ganzheitlichen Sinne stattfindet, muß der Betroffene sich erst seines »Schattens« sowie der Notwendigkeit bewußt werden, daß er etwas in sich zu heilen hat. Kurz: er muß sich seiner Wahrheit stellen. Jede Therapie stößt sehr schnell an ihre Grenzen, wenn der Kranke nicht in dem ihm möglichen Rahmen eigenverantwortlich an seiner Heilung mitarbeitet. Dann muß er lernen, die nicht angenommenen Teile seines Selbst und ihren Boten, die Krankheit, als Helfer und damit als einen wichtigen und richtigen Ausdruck seines Wesens zu akzeptieren. Er muß motiviert sein, ihre Funktionen und Bedürfnisse in seine Lebensgestaltung angemessen zu integrieren, sie zu achten und sich mit ihnen genußvoll in Liebe vereinigen zu wollen.

Der Heilungsprozeß ist komplett, wenn der Betroffene im Zustand der liebevollen Annahmebereitschaft das verborgene Talent, die Hilfestellung, das Potential zu mehr Glück in seinem Schatten und der dadurch verursachten Krankheit erkennt sowie es kreativ und konstruktiv zu seinem Wohle und dem seiner Umgebung ganzheitlich sinnvoll nutzt. Denn jetzt ist die Krankheit, der Hinweis »Entwickle Dich!«, überflüssig geworden. Auf der körperlichen Ebene finden die auch sonst aus der Naturheilkunde allseits bekannten Phänomene der *Heilreaktion* oder *Erst-verschlimmerung* und der *Entgiftung* statt. Gerade diese erzeugen einen gehörigen Schrecken bei dem Behandler und dem Behandelten, wenn die Zusammenhänge nicht verstanden werden.

Zur *Entgiftung* ist zu sagen: Sind zu viele Gifte und Schlacken im Körper, wird der Stoffwechsel - also die Ernährung, Erneuerung und die lebensfördernde Kommunikation aller Zellen - behindert. Werden die lebensbehindernden Stoffe ausgeschieden, kann dies alles besser funktionieren. Doch je nachdem wieviel »Müll« im Organismus ist, kann der heilungsfördernde Prozeß mitunter sehr unangenehm sein. Aber er ist absolut notwendig!

Die *Erstverschlimmerung* kann auch mit Schmerzen und anderen leidvollen Begleiterscheinungen wie verstärkter Verletzbarkeit, Unlust, Depression, Niedergeschlagenheit und dergleichen mehr verbunden sein. Dabei wolltest Du doch aber gesund werden ... Dies hängt folgendermaßen zusammen: Krankheit bedeutet Energiemangel in einem Organ oder Energiezentrum.* Hier fließt ja eben wesentlich weniger als für gesunde Lebendigkeit notwendig. Wenn etwas Heilendes für diesen Bereich getan wird und es wirkt, wird auf jeden Fall mehr Energie in die erkrankten Bereiche geführt. Jetzt wird das Leid, der Schmerz, die Verspannung, die Müdigkeit, die Depression und so weiter spürbar, die in diesen Bereich abgedrängt waren. Es ist, als ob Du den Dimmer einer Lampe auf größere Helligkeit einstellst. Glimmt die Lampe nur, siehst Du kaum etwas von dem Raum. Je heller sie wird, desto deutlicher kannst Du alles Schöne und Häßliche wahrnehmen. Wird eine ganzheitliche Therapie hingegen am Punkt der Erstreaktion eingestellt, weil jedes Verständnis für die natürlichen Heilungsprozesse fehlt, ist damit auch die Chance zur Gesundung vertan.

---

* Das gilt übrigens sogar für Krankheiten, die auf einem Energieüberschuß beruhen, denn bei ihnen fehlt die Wirkung jener Energieform, die den Überfluß verteilt und gesund fließen läßt!

Je weiter die Therapie aber über die Erstverschlimmerung hinaus fortgesetzt wird, desto mehr Energie fließt in die Blockaden hinein. Je mehr Lebensenergie aber in die Blockaden einströmt, desto tiefer können die erkrankten Bereiche gesunden und sich erneuern. Denn ohne Energie tut sich überhaupt nichts! Irgendwann werden das krankmachende Muster oder alle disharmonischen Konfigurationen dieses Musters beseitigt, und zwar in einem Prozeß fortschreitender Kräftigung und Heilung der erkrankten Bereiche. Dieser Prozeß ist abhängig von der Tiefe und der Dauer, aber auch von der Stärke der Motivation des Erkrankten, wirklich gesund zu werden, mit allen Konsequenzen für die weitere Lebensführung. Nun verschwinden das Leiden und die Kraftlosigkeit des gesamten Körpers, der im Prozeß der Heilung ja alle Reserven zur Energetisierung, Reinigung und Erneuerung der angeschlagenen Zellen, Organe und Gewebe lenken mußte. Da jetzt viele vorher durch die Krankheit brachliegende Körperfunktionen Energie und Leistungen bereitstellen, anstatt Energie von den anderen Teilen des Organismus zu verbrauchen, erlebt der auf natürliche Art gesund Gewordene einen erheblichen subjektiven und objektiven Zuwachs an Kraft, Lebensfreude und Kreativität in allen Bereichen.

❍ 7. Reiki kann nicht endgültig Zerstörtes heilen. In diesem Fall ist nur eine Unterstützung der noch belebbaren Körperfunktionen möglich, die das Gesamtbefinden indirekt günstig beeinflußt. Das bedeutet, ganz abgestorbene Organe und Körperteile werden entweder gar nicht oder nur im Rahmen der möglichen körpereigenen Regeneration aufgebaut. Im Einzelfall können die Auswirkungen angeborener Mißbildungen und genetischer Fehler umfassend gemildert, aber unmöglich vollkommen ausgeheilt werden. Im energetischen Bereich bedeutet das: Ist das die körperliche, materielle Struktur tragende feinstofflich-energetische Doppel, also der Ätherkörper, zum Beispiel durch Krebs so stark in seinen Schwingungen gestört, daß die gesunden Berei che die aus der Harmonie gefallenen nicht mehr mit den lebensfördernden Mustern füllen und regenerieren können, kann auch Reiki nicht mehr heilen, sondern höchstens die Verzweiflung und das Gefühl der Sinnlosigkeit auflösen, Frieden und Verbundenheit mit der Schöpferkraft fördern und damit für einen sanften und ruhigen Tod sorgen.

Verständnis für diese Zusammenhänge ist zum Beispiel im folgenden Fall wichtig: Ein Klient hat durch AIDS einen sehr intensiven und sinngebenden Lern- und Wachstumsprozeß durchlitten. Er hat es wirklich geschafft, seine Problematik umfassend zu begreifen und aufzuarbeiten, so daß nach menschlichem Ermessen kein Grund mehr für seine Erkrankung vorhanden ist. Trotzdem stirbt er. Denn seine ätherische Struktur war durch die starke Belastung der Krankheit schon zu sehr in Mitleidenschaft gezogen, um sich noch wieder regenerieren zu können. Nur wer die Wiedergeburt, ein Leben nach dem Tode und den spirituellen Lernauftrag der Menschen auf dieser Ebene akzeptiert, kann auch in diesem Fall voll ermessen, wie wichtig eine ganzheitliche Sterbebegleitung ist. Reiki kann dabei sehr viel Gutes bewirken.

Nach diesen sieben grundlegenden Gesetzen also funktioniert Reiki. Abschließend möchte ich zu diesem Thema noch ausdrücklich betonen, daß Reiki *niemals* Disharmonien und/oder Krankheit erzeugt. Einige wenige Anwendungen mögen im Ausnahmefall ein gewisses Risiko mit sich bringen; dieses Risiko jedoch beruht auf der Wechselwirkung zwischen Reiki und anderen Faktoren (etwa chemischen und vom Körper als Gift erkannten Medikamenten), niemals auf Reiki selbst. Reiki ist letztlich Leben, Liebe. Diese Qualitäten lassen sich nicht überdosieren. Allerdings muß ich einräumen, daß viele Menschen, die gerade Liebe und Leben am nötigsten brauchen könnten, mitunter große Angst davor haben, lebendiger und liebevoller zu werden. Entsprechend reagieren sie zuerst vielleicht abwehrend auf Reiki.

Ganzbehandlung

Das große Mittel von Reiki ist die Ganzbehandlung. Die ihr zugeordneten Positionen sind auf den Seiten 20 und 21 abgebildet. Grundsätzlich gilt:

> *Bei akuten und eng umgrenzten Beschwerden (Wunden, Prellungen und dergleichen) wird dort behandelt, wo das Symptom ist. Bei chronischen oder weite Bereiche des Körpers betreffenden Beschwerden oder solchen mit psychischem Hintergrund sollten regelmäßige Ganzbehandlungen angewendet werden.*

Die in diesem Buch vorgestellten abgekürzten Ganzbehandlungen sind für die jeweilige Befindlichkeitsstörung in etwa mit der langen Form der Ganzbehandlung gleichzusetzen. Nur wenn die abgekürzte, spezielle Ganzbehandlung nicht anschlägt, sollte die lange Form - zumindest im Wechsel - auch angewendet werden, um eine optimale Heilungschance zu gewährleisten. Jede Position der Ganzbehandlung sollte mindestens drei Minuten mit Reiki versorgt werden. Länger schadet nicht!

Sonderpositionen

Als Sonderpositionen* bezeichne ich im Rahmen des Reiki-Heilungssystems Körperbereiche, die direkt oder über Reflexzonen Reiki besonders effektiv zu einer bestimmten Disharmonie leiten, wenn sie behandelt werden. Sonderpositionen werden im allgemeinen nach einer langen oder einer abgekürzten Ganzbehandlung gegeben. Auch zwischen den Sitzungen ist es meist nützlich, sie so oft wie möglich zu behandeln.

---

* Nähere Erläuterungen sind in meinem Buch »Das Reiki-Handbuch«, Windpferd Verlag, zu finden.

Im Gegensatz zu den Positionen der Ganzbehandlungen werden Sonderpositionen wesentlich länger, mindestens 10 bis 20 Minuten gegeben. Sie wirken am besten im Zusammenhang mit der Ganzbehandlung und eignen sich im allgemeinen nicht zur alleinigen Behandlung chronischer oder tiefgreifender Befindlichkeitsstörungen. Hier ist, wie oben schon ausgeführt wurde, eine Form der Ganzbehandlung das Mittel der Wahl, eventuell ergänzt um passende Sonderpositionen. In meinem »Reiki-Handbuch« werden eine Vielzahl von Sonderpositionen alphabetisch geordnet nach Symptomen geschildert. Wer sich eingehend mit diesem Thema befassen möchte, findet dort reichlich Material.

Medikamente

Reiki regt den Stoffwechsel und damit die Entgiftungsfunktionen des Körpers an. Diese an sich wünschenswerte Wirkung kann allerdings in manchen Fällen, wenn auch zumeist nur geringfügige Probleme mit sich bringen.

Deswegen sollte unbedingt abgeklärt werden, ob ein Medikament, das zur Zeit genommen wird, unbedingt immer in einer ganz bestimmten Konzentration im Blut des Betreffenden enthalten sein muß, weil lebensbedrohende Folgen oder schwere Schädigungen auftreten könnten, wenn es schneller als angenommen abgebaut wird (zum Beispiel von den durch Reiki gestärkten Organen Leber und Niere).

Diese Frage kann und soll nur der behandelnde Arzt beantworten. Der Reiki-Behandler sollte am besten mit ihm zusammenarbeiten und sich mit ihm abstimmen. Weiß der Arzt, daß der Körper seines Klienten wieder besser funktioniert und damit auch besser Gifte ausscheiden wird, kann er die Medikamentengaben entsprechend abstimmen. So kann keine Gefahr auftreten.

Mit der Zeit wird der Körper des Betroffenen sensibler, durch Reiki insgesamt gesünder werden und deswegen schon auf ge-

Ganzbehandlung

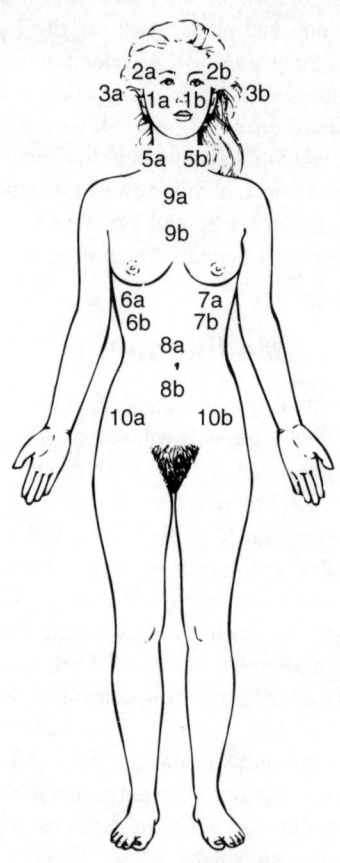

Positionen: 1a,b) Stirn bis Zähne, parallel zur Nase; 2a,b) Schläfen, von den Wangenknochen beginnend nach oben; 3a,b) Ohren; 4) Hinterkopf; 5a,b) Halsvorderseite (Hände nicht auflegen); 6a,b) Leber, Gallenblase; 7a,b) Milz, Bauchspeicheldrüse; 8a,b) eine Hand oberhalb und eine Hand unterhalb des Bauchnabels; 9a,b) Thymusdrüse,

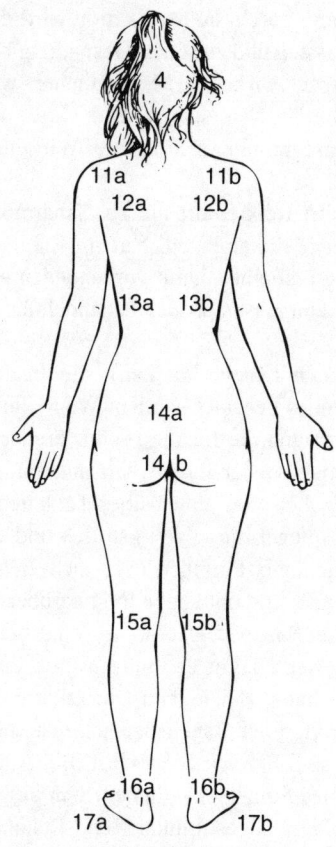

Herz; 10a,b) Becken-V (von den Beckenschaufelknochen die Hände V-förmig zum Schambein zusammenlegen); 11a,b) Zwischen Schulterblättern und Schultern; 12a,b) Schulterblätter; 13a,b) Nieren; 14a,b) Kreuzbein, unter dem Steißbein zum Damm hin; 15a,b) Kniekehlen; 16a,b) Knöchel umfassen; 17a,b) Fußsohlen, Zehen bis Mittelfuß

ringere Dosierungen eines Medikamentes ansprechen. Nun kann der behandelnde Arzt - aber nur er! - die Dosis entsprechend den gesundheitlichen Fortschritten des Patienten reduzieren. Die geringere Belastung durch die Medikation wird den Organismus des Patienten entlasten und zu seiner Gesundung beitragen. Überwiegend energetisch wirkende Medikamente, wie Bachblüten, Homöopathie ab etwa D 6, spagyrische Mittel und dergleichen werden durch Reiki mitunter sehr in ihrer Wirkung gefördert und vertieft.*

Bitte beachten: Reiki führt nie zu disharmonischen Wechselwirkungen mit Medikamenten. Nur im Rahmen einer gesteigerten Entgiftung und einer damit verbundenen geringeren Wirkung eines Medikaments muß der behandelnde Mediziner aufmerksam sein!

Bei **Diabetikern** (Zuckerkranken), die Insulin einnehmen, sollte noch folgendes beachtet werden: Wenn die Reiki-Behandlungen anschlagen und die Insulin produzierenden Bereiche der Bauchspeicheldrüse wieder ihre Arbeit aufnehmen, können zusätzliche Insulingaben von außen über Tabletten oder Spritzen einen zu hohen Spiegel dieses Wirkstoffes und damit eventuell schwere Befindlichkeitsstörungen nach sich ziehen.

Der behandelnde Arzt muß unbedingt darüber informiert werden, daß sich die Bauchspeicheldrüse seines Patienten möglicherweise regeneriert, damit er ihm entsprechende Verhaltensmaßregeln geben kann. Bei Jugend-Diabetikern ist nur sehr selten eine Regeneration der Bauchspeicheldrüse möglich, weil sie im Prinzip in diesem Bereich zerstört ist. Bei Alters-Diabetes ist eine Regeneration in unterschiedlichem Umfang bei regelmäßiger und entsprechend abgestimmter Reiki-Behandlung oft möglich. Hier muß der behandelnde Arzt also besonders wachsam sein!

---

* Vertiefende und ergänzende Informationen zu diesem wichtigen Thema finden sich in dem Kapitel »Reiki und Medikamente« in meinem »Reiki-Handbuch«, Windpferd Verlag.

Was muß ich bei der Anwendung von Reiki noch beachten

Reiki ist auch bei der Anwendung durch Laien beinahe narrensicher. Zwei Punkte sollten dennoch berücksichtigt werden, obwohl sie sehr selten in der Praxis zu disharmonischen Reaktionen führen.

1. Die *Wirbelsäule* sollte ab oberhalb des Kreuzbeins und ab unmittelbar unterhalb des prominenten Halswirbels am Halsansatz nicht *direkt* behandelt werden. Das heißt: die Hände sollten diese Stellen nicht für einen *längeren Zeitraum* (also mehr als einige Minuten) und nicht *regelmäßig* und mit der *Absicht der Reiki-Behandlung bedecken.* In diesen Wirbelsäulenabschnitten liegen verschiedene feinstoffliche Rezeptoren des Körpers; sie melden, wenn in mehreren Hauptchakren die Kraft der Liebe stark genug vertreten ist, um die Kundalini-Energie, eine sehr starke Form polarer Lebensenergie, vom Wurzelchakra, wo sie gesammelt ist, in den ganzen Körper zu senden. Reiki *ist* Liebes-Lebensenergie - nur kommt sie von außen. An der falschen Stelle eingezogen, kann es zu einer Falschmeldung führen und die Kundalini unter bestimmten, seltenen Umständen verfrüht steigen lassen. Da sich hieraus mitunter ernste körperliche und psychische Probleme ergeben können, sollte dieser Bereich unter den genannten Bedingungen nicht mit Reiki versorgt werden. Es gibt zur Harmonisierung von Wirbelsäulenproblemen viele andere sehr wirksame und sichere Möglichkeiten, die zum Beispiel in meinem *Reiki-Handbuch* beschrieben sind.

2. Weiterhin sollten *sehr schwache* Menschen erst solange mit kurzen (etwa 5 bis 10 Minuten, je nach Reaktionslage) Reiki-Behandlungen über die Fußsohlen und anderen Maßnahmen, die der behandelnde Arzt oder Heilpraktiker bestimmen muß, gekräftigt werden, bis sie in der Lage sind, die Belastungen durch

Heilreaktionen ohne größere Schwierigkeiten zu bewältigen. Jede auf natürlichen Prinzipien basierende Heilmethode bewirkt mehr oder minder ausgeprägte Erstverschlimmerungen und kräftezehrende Entgiftungsreaktionen, bis die Gesundheit wiederhergestellt ist. Auch hier muß der behandelnde Mediziner informiert werden, und es sollte eine enge Zusammenarbeit mit ihm angestrebt werden!

Kapitel 2

Ernährung und Reiki

Das letzte Kapitel hat Dir schon gewisse Gesetzmäßigkeiten der Reiki-Behandlung nähergebracht.

In diesem möchte ich zeigen, wie sich in der Praxis Ernährung und Reiki optimal miteinander kombinieren lassen.

Schon *Dr. Chujiro Hayashi*, der zweite neuzeitliche Reiki-Großmeister, berücksichtigte ja in seinen Kliniken speziell abgestimmte Diäten bei seinen Therapien, und auch *Hawayo Takata*, seine Schülerin und nächste Großmeisterin, legte darauf großen Wert.

Wie ist nun so eine Diät aufzubauen? Und wie kann jemand, der sich nicht jahrelang intensiv mit den verschiedenen Ernährungslehren auseinandergesetzt hat, das zum Wohle des Kranken Richtige tun? Natürlich läßt sich im Rahmen unserer Darstellung nicht alles vermitteln, was ein ganzheitlicher Ernährungsberater eigentlich wissen müßte. Doch das ist auch in vielen Fällen nicht notwendig, um große Fehler in der Ernährungsplanung zu beseitigen. Im Zweifelsfall und bei schwereren Krankheiten sollte aber selbstverständlich ein qualifizierter Ernährungsberater hinzugezogen werden. Für die Hausapotheke möchte ich Dir jetzt ein paar Vorschläge machen:

Zwölf Regeln,
nach denen sich Nahrungsmittel und Reiki-Anwendungen zur Heilung optimal zusammenstellen lassen

○ 1. Jede Diät ist nur gut für die Zeit der Heilung. Mit Abschluß des Heilungsprozesses wird die Diät überflüssig, ja oft sogar schädlich!

○ 2. Die Diät sollte nicht nach starren, dogmatischen Regeln, sondern unter Berücksichtigung der Bedürfnisse des Kranken und seinen Eigenarten zusammengestellt und im Verlauf der Krankheit entsprechend verändert werden.

○ 3. Am Anfang eines Heilungsprozesses ist es oft nötig, verschiedene Teufelskreise* in der Ernährung zu unterbrechen, denn diese werden die Gesundung unter Umständen erschweren:

a) der Salzteufelskreis,

b) der Zuckerteufelskreis,

c) der Koffeinteufelskreis,

d) der Alkoholteufelskreis und

e) der Eiweißteufelskreis.

---

* Teufelskreise deshalb, da durch den jeweiligen Stoff keine wirkliche Ernährung stattfindet, weil er entweder dafür nicht geeignet ist oder bereits reichlich im Körper zur Verfügung steht. Eine weitere Zufuhr belastet den Organismus, wird aber aus psychischen Gründen weiter gefördert. Erst wenn diese Suchtkomponente unterbrochen ist, kann der Körper wieder zu einem gesundheitsfördernden, natürlichen Appetit finden

Es gibt natürlich noch andere Teufelskreise in der Ernährung, doch würde ihre Berücksichtigung in diesem Zusammenhang zu weit führen. Für die Heilung von Krankheiten mit den Mitteln der »Reiki-Hausapotheke« sind sie auch wesentlich weniger wichtig.

Der Salzteufelskreis: Er verweist natürlich auf einen chronisch überhöhten Salzkonsum. Man nimmt zuviel Salz oder zieht automatisch sehr salzhaltige Speisen vor. Dies behindert oft die Gewebeentgiftung und den Stoffwechsel. Im Rahmen der Hausapotheke läßt sich dieser Kreis leicht unterbrechen. Ernähre Dich zwei Tage lang (aber nicht länger, damit es nicht zu Mangelerscheinungen kommt) *ausschließlich von Wassermelonen.* So viel Du magst - je mehr, desto besser. Sie enthalten natürliche Wirkstoffe, die abgelagertes Salz zur Ausscheidung zu bringen helfen, und das in ihnen enthaltene lebendige Fruchtwasser fördert den Abtransport von Schlakken. Du merkst sehr schnell, daß es funktioniert, denn Du wirst einen salzigen Geschmack im Mund bekommen, der auf die verstärkte Salzausscheidung zurückzuführen ist. Bitte in erster Linie Wasser, am besten ohne Kohlensäure und mit nur wenig Natrium trinken. Geringe Mengen (ein bis zwei Tassen) schwarzer Kaffee, Tee, Maté- oder Melissentee sind zusätzlich möglich. Natürlich ohne Milch und Zucker und auch ohne Süßstoffe. Diese erschweren nach den mir vorliegenden Informationen in vielen Fällen die Stoffwechselfunktionen.

Für wen ist dies wichtig? Für alle, die häufig in Kantine oder Restaurants und viel Käse, Fleisch, Chips, Pommes Frites und milchsaures Gemüse essen und ihre Speisen kräftig salzen.

Der Zuckerteufelskreis: Unter dem Zuckerteufelskreis ist der übermäßige Verzehr von Zucker und Weißmehlprodukten zu verstehen, der erstens die Bauchspeicheldrüse belastet und zweitens viele Stoffwechselfunktionen erschwert. Er läßt sich durch *eine ein- bis dreitägige reine Traubendiät* unterbrechen (die Dauer hängt von der Stärke des Zuckerverlangens ab).

Achtung: Diese Anwendung ist nichts für Diabetiker!*

Trauben enthalten Wirkstoffe, die Zucker ausscheiden helfen. Getränke wie unter a). Danach bitte längere Zeit, wenn Appetit auf Süßes kommt, möglichst nur Vollwert-Süßigkeiten essen und Weißmehlprodukte weglassen, um den Teufelskreis nicht wieder aufleben zu lassen.

Für wen ist dies wichtig? Für alle, die gern und regelmäßig Zucker, Süßes, Limonaden, Weißmehlprodukte und mit Zucker versetzte Nahrungsmittel zu sich nehmen. Laß Dir von der Verbraucherzentrale in Deiner Nähe mal sagen, welche Nahrungs- und Genußmittel Zucker enthalten und unter wie vielen verschiedenen Bezeichnungen er sich in Fertigkost versteckt. Du wirst Dich wundern!

Der Koffeinteufelskreis belastet viele Bereiche des Stoffwechsels, der Verdauung, des urologischen Systems und vor allem des Nervensystems. Es gibt wesentlich mehr Kaffee- und Schwarzteesüchtige, als Du wahrscheinlich glaubst.

Der Ausstieg geht folgendermaßen: Zuerst steige von »normalem« Kaffee für etwa drei Wochen auf ökologisch angebauten um und bereite ihn anders zu. Statt der heute allgemein verbreiteten Filtermethode verwendest Du gröber gemahlenes Kaffeepulver und gießt es direkt in der Kanne mit Wasser auf, das sprudelnd gekocht hat und danach kurz abgekühlt ist. Ein Sieb hält den Bodensatz von Deiner Tasse fern. Der so

---

* Diabetiker können von dem Verlangen nach Süßem leicht und bleibend ohne Risiken durch eine homöopathische Kur oder mittels Bachblüten geheilt werden. Vieles andere wird sich dabei auch oft bessern. Diese Kur sollte allerdings ein Arzt für Homöopathie oder ein entsprechend geschulter Heilpraktiker durchführen. Adressen finden sich in jedem Branchenbuch.

zubereitete Kaffee ist wesentlich bekömmlicher und kann, in kleinen Mengen genossen, sogar das Wohlbefinden steigern, denn er regt tatsächlich die Verdauung an. In alter Zeit wurde er, auf diese Art zubereitet, als wirkungsvolle Medizin gegen verschiedene Krankheiten eingesetzt.

Solltest Du nicht kaffeesüchtig sein, ist diese Art der Zubereitung, zusammen mit bewußtem Gebrauch, eine wichtige Hilfe, die Dich wirksam vor der Kaffeesucht bewahren wird. Dann steige etwa drei Wochen auf ökologischen, also ohne Spritzmittel aufgezogenen Schwarztee um. Danach geht es etwa drei Wochen lang mit grünem Tee weiter, der am besten auch aus ökologisch-biologischem Anbau stammen sollte.

Im Anschluß dieselbe Zeit mit Ingwertee. Dazu besorgst Du Dir getrocknete Ingwerwurzel aus dem Kräuter- oder Bioladen, im Zweifelsfall aus der Apotheke. Von der Wurzel schabst Du für einen Liter Tee etwa eine gute Messerspitze Ingwer ab. Dieses Pulver brühst Du mit gekochtem und etwa drei Minuten abgekühltem Wasser auf. Die drei Minuten Abkühlzeit helfen, wichtige Wirkstoffe besser zu erhalten. Grundsätzlich sollten Tees nur so zubereitet werden.

Achte während der Zeit der Umstellung auf eine erhöhte Zufuhr von Vitamin C, E, dem B-Komplex, Kalium (zum Beispiel in Form von Bananen, Sesam und Hefeflocken) und Lecithin. Vor dem Einschlafen solltest Du während der ganzen »Kur« ein bis zwei Tassen Melissentee trinken. Am besten aus frischen Blättern und nach derselben Methode wie beim Ingwertee zubereitet. Viele Symptome wie Schlafstörungen, Reizbarkeit, Nervosität, Konzentrationsschwäche, zu niedriger oder hoher Blutdruck, übersteigerte Aggressivität, Tagesmüdigkeit und Magenreizungen werden allein durch diese Umstellung vergehen oder sich abschwächen.

Für wen ist dies wichtig? Für alle, die regelmäßig Kaffee oder schwarzen Tee trinken, dies morgens zum »Wach-werden« oder tagsüber zum »Pushen« brauchen.

Der Alkoholteufelskreis läßt sich in leichteren Fällen durch eine gesunde, vollwertige Ernährung und die Unterbrechung des Zucker- und des Eiweißteufelskreises heilen. Ist der Erkrankte jedoch nicht in der Lage, innerhalb von sechs Wochen durch die Ernährungsumstellung und Willensanstrengung jeden Alkoholkonsum zu unterlassen, muß eine mögliche Sucht mit der Hilfe von Fachleuten abgeklärt werden. Eine homöopathische Kur und begleitende Psychotherapie haben in vielen solchen Fällen schon wahre Wunder bewirkt. Vorwürfe, Schuldzuweisungen, Ich-schaffe-das-auch-ohne-Hilfe- und Liebe-heilt-alles-Haltungen, bewirken nichts und verschlimmern das Problem nur. Regelmäßige Reiki-Sitzungen, am besten täglich, wenn möglich Mentalheilungen mit dem 2. Grad und ausgewählten Eingaben sowie passende Ernährung werden immer zu einem schnellen und dauerhaften Erfolg der anderen Maßnahmen beitragen.*

Der Eiweißteufelskreis führt durch zu hohen regelmäßigen Eiweißkonsum zu einer Verschlackung und Übersäuerung des Körpergewebes. Dies schadet wiederum dem Stoffwechsel und begünstigt viele Erkrankungen oder löst sie aus. Er läßt sich unterbrechen, indem zu Beginn ein Tag ausschließlich Ananas (Achtung: Nur reife Früchte nehmen, unreife reizen Mund und Magen! Der Fachhändler wird passend beraten und entsprechende Früchte besorgen können), am nächsten Tag ausschließlich Mango oder Kiwi oder Äpfel (immer mit

---

* Die Anonymen Alkoholiker und andere Selbsthilfevereine gibt es heute beinahe in jeder Stadt. Sie leisten sehr gute, praxisnahe Arbeit und sind für den Betroffenen, aber auch die Angehörigen die richtigen Anlaufstellen, wenn es um die Heilung der Sucht und damit zusammenhängender Probleme geht.

Kernen und Gehäuse, wegen der darin in großen Mengen enthaltenen Wirkstoffe) gegessen werden. Danach bitte alle 10 Tage einen Ananas- oder Erdbeertag einlegen. Zwischen den Anwendungen bitte kein Fleisch, keinen Käse, keinen Quark, keine Milch essen. Fisch und Geflügel in kleinen Mengen, Joghurt, Kefir, Saitan und Produkte aus ökologisch erzeugtem Soja sind erlaubt. Kein zusätzliches Salz oder Salzersatz zum Würzen verwenden. Nimm stattdessen reichlich frische Kräuter. Überwiegend sollten aber Obst, Gemüse und Getreide gegessen werden. Diese Anwendung tut auch der Linie gut und hilft, überflüssige Pfunde auf natürliche Art abzubauen. Einmal im Jahr kann diese »Kur« mit großem Nutzen für ein bis zwei Monate durchgeführt werden. Bitte streßfreie Zeiten wählen und regelmäßig Reiki anwenden.

Für wen ist dies wichtig? Für alle, die regelmäßig viel Fleisch, Milchprodukte, die nicht aus Rohmilch hergestellt sind, oder viel Fisch, Schalentiere und Geflügel essen.

○ 4. Bei jeder Diät sollte auf ausreichende Flüssigkeitszufuhr geachtet werden. Bitte nicht zu den Mahlzeiten trinken, sondern etwa 10 Minuten vorher oder noch früher beziehungsweise etwa zwei bis drei Stunden nach dem Essen. Dies hilft der Verdauung; es werden auf diese Weise bereits mittelfristig viele Stoffwechsel- und Verdauungsstörungen gemindert oder geheilt. 1,5 bis 2 Liter Wasser sind der für den Erwachsenen ausreichende Flüssigkeitskonsum; das Wasser sollte möglichst kohlensäurefrei oder -arm sein. Wer regelmäßig viele wasserhaltige Früchte und/oder Gemüse ißt, kommt mit einem Drittel bis zur Hälfte weniger Wasser aus. Kaffee, Schwarztee, Bier, Kräuter- und Früchtetees, Obst- und Gemüsesäfte sind in erster Linie Genußmittel und nicht zur direkten Flüssigkeitsversorgung des Körpers geeignet. Das Wasser sollte aus guten Quellen stammen, Stadtwasser ist heute aus den verschiedensten Gründen nicht unbedingt zu empfehlen. Levitiertes, magnetisiertes oder auf andere Weise in einen lebensfördernden Zustand versetztes Wasser hingegen eignet sich hervorragend. Destilliertes und demineralisiertes Wasser ist erwiesenermaßen gesundheitsgefährdend; man trinke es also nicht und gebe es auch dem Haustier nicht zu trinken. Nachdem ich die ganze Angelegenheit sorgfältig überprüft habe, bleibt meiner Ansicht nach nur ein Grund für diesen Modetrend, destilliertes Wasser zu empfehlen, über: Es wird aus kommerziellen Gründen heute von einigen Gruppen gefördert, die die nicht ganz billigen Maschinen zur Wasseraufbereitung gerne unter die Leute bringen wollen. Wer sich vollwertig ernähren möchte, sollte sich mal die Parallelen zwischen Industriezucker, Auszugsmehl und destilliertem Wasser überlegen. Die Entscheidung ist dann recht einfach.

○ 5. Es sollte möglichst nur in gelassener oder heiterer Stimmung gegessen werden. Bewußtes, nicht zu hastiges, gut gekautes* und lustvolles Essen ist die halbe Verdauung, auch für den Gesunden!

○ 6. Danke vor dem Essen allen, die dazu beigetragen haben. Achte das Essen und vergeude es nicht. Die Wesen, ob Tier oder Pflanze, die ihr Leben auf dieser Ebene gaben, damit Deines erhalten und gefördert wird, verdienen Achtung und Respekt. Es ist ein Ausdruck spirituellen Wachstums, sich diese Zusammenhänge ohne falsche Schuldgefühle vor jedem Essen für einen Moment bewußt zu machen. Bei den Naturvölkern hat diese liebevolle Geisteshaltung eine jahrtausendealte Tradition. Du wirst schon bald spüren, daß sie auch Dir hilft. Ob gesund oder krank!

---

* Durch langes Kauen werden zwei wesentliche Faktoren begünstigt: Durch das lange Zerkleinern und Einspeicheln wird der Verdauungs- und Assimilierungsprozeß enorm gefördert. Durch den Kauvorgang findet eine dynamische Wirkungssteigerung feinstofflicher Muster der Nahrung im Sinne einer homöopathischen Potenzierung statt, die die darin schlummernden Heilkräfte zur Wirkung bringt.

○ 7. Ausschließliche oder überwiegende Ernährung von Rohkost ist nichts für Menschen mit sehr geschwächten Lebenskräften oder mit ernsteren Verdauungsproblemen. Dies wird häufig anders dargestellt, ist aber falsch. Denn die an sich reichlich in (ökologisch angebauter) Frischkost enthaltenen Vitalstoffe brauchen eine starke, funktionstüchtige Verdauung; nur dann kann der Körper sie aufnehmen und in den Stoffwechsel assimilieren. Unter der Voraussetzung einer kerngesunden Verdauung kann die Ernährung mit Rohkost, wenn sie denn umsichtig, undogmatisch und kenntnisreich angewandt wird, viel Gutes für Leib und Seele tun. Andernfalls kann sie sogar schaden! In Rohkost aus nicht naturgerechtem Anbau sind häufig so viele Schadstoffe enthalten, daß sie den Organismus eher vergiften als entgiften wird. Durch Kochen oder Dünsten gehen diese Gifte überwiegend in das Wasser, und die Nahrung ist wesentlich gereinigter.

○ 8. Käse, Fleisch und andere eiweißreiche Speisen sollten nicht zusammen mit Zitrusfrüchten oder -säften gegessen werden, denn diese Früchte enthalten Wirkstoffe, die die Eiweißverdauung bei geschwächten Menschen behindern können. Außerdem verzehre man im kranken Zustand zur selben Zeit nicht verschiedene Sorten Obst, weil dies Verdauungsstörungen auslösen könnte.

○ 9. Für die Zeit, in der Reiki allein oder mit anderen Therapien angewendet wird, um eine schwerere Befindlichkeitsstörung zu heilen, sollten folgende Nahrungsmittel, wenn nicht anders möglich nach vorheriger Harmonisierung der oben dargestellten Teufelskreise, gemieden werden: Fleisch, Fisch und Geflügel aller Art; pasteurisierte, homogenisierte, entrahmte und hocherhitzte Milchprodukte. Rohmilchprodukte, vor allem Joghurt und Kefir mit überwiegend rechts drehender Milchsäure sind erlaubt und fördern generell die Heilung. Bitte Alkohol, Industriezucker, Weißmehlprodukte, Salz, Kaffee und schwarzen Tee meiden.

Merke: Reiki heilt auch oft, wenn Du heilungsbehindernde Nahrungsmittel zu Dir nimmst, aber öfter, schneller und tiefgreifender, wenn Du auf sie verzichtest, bis Du geheilt bist. Vielleicht hast Du dann auch weniger Verlangen danach.

○ 10. Keime und Sprossen können viele Vitamine, Mineralien und Enzyme in leicht verwertbarer und konzentrierter, natürlicher Form liefern. Sie sind leichter verdaulich als Obst und Gemüse und sehr schmackhaft. Du kannst sie zu Hause auf dem Fensterbrett sogar im Winter ziehen. Regelmäßig genossen, sind sie wertvoll bei jeder Heilung und zur Erhaltung von Vitalität und Gesundheit.

○ 11. Mit Reiki lassen sich die gesunden Nahrungsmittel noch gesünder machen und die weniger gesunden zumindest aufwerten! Drei bis fünf Minuten Reiki vor dem Servieren machen, je nach Menge, schon einen gewaltigen Unterschied! Wenn Du in den 2. Grad eingeweiht bist, kannst Du mit der Kraftverstärkung die Speisen mit noch mehr Lebenskraft aufladen. Wird das Essen nicht auf diese Art zubereitet, kannst Du zumindest über oder neben Deinen Teller ein oder zwei Minuten Deine Hände zum Essen wenden und Reiki einziehen lassen. Auch Getränke, Bonbons und so weiter lassen sich auf diese Weise gesünder machen. Wenn Alkohol auf diese Art behandelt wird, schmeckt und wirkt er recht anders. Probiere es doch einmal aus! In meinen Seminaren zeige ich den Teilnehmern oft die heilsame Wirkung von Reiki auf Nahrungsmittel. Mit dem kinesiologischen Armtest (er beweist über die relative Stärke eines Muskels die Qualität eines bestimmten Nahrungsmittels) weise ich zum Beispiel nach, wie sehr etwa ein Pfefferminzbonbon das menschliche Energiesystem schwächt. Dann wird das Bonbon mit Reiki behandelt und - siehe da - plötzlich schwächt es die Testperson nicht mehr! Ähnliches gilt für Tabak. Falls Du rauchst, behandle Deine Zigaretten doch mal ausgiebig mit Reiki, und Du wirst

Dich sehr wundern. Reiki kann zwar Strychnin nicht in Traubenzucker verwandeln - aber im Rahmen des Möglichen passieren mitunter phantastische positive Veränderungen, wenn Du Deine Nahrung regelmäßig damit behandelst. Lege Dir nach dem Essen die Hände eine Weile auf den Bauch und laß Reiki einziehen. Dies fördert gleich in zweifacher Hinsicht die gesunde Verdauung: erstens fühlst Du Dich nach dem Essen nicht mehr müde, und zweitens werden die Nährstoffe wesentlicher besser in den Stoffwechsel übernommen.

○ 12. Ernähre Dich, so weit es geht, von biologisch erzeugter Nahrung. Du findest sie zum Beispiel unter den Bezeichnungen »Demeter®« oder »Bioland®«. Diese Produkte steigern bei regelmäßigem Genuß Dein Wohlbefinden und sorgen dafür, daß Du nicht so schnell krank wirst. Außerdem leistest Du damit praktischen Umweltschutz, denn diese Lebensmittel wachsen in einer bewußt natürlich gehaltenen Umgebung ohne Chemie auf. Der Boden, die Luft und das Wasser bleiben dadurch gesund - und damit auch der Mensch. Informiere Dich dazu auch in der Literatur, die in der kommentierten Bibliographie im Anhang empfohlen ist.

Wie sollte sich der Gesunde ernähren?

Ein Gesunder sollte sich im wesentlichen abwechslungsreich, nach seinem gesunden Appetit*, in nicht zu reichhaltigen Mahlzeiten und überwiegend, aber nicht unbedingt ausschließlich, von Produkten ernähren, die in seiner Heimat wachsen und aus ökologischem Anbau stammen. Die Zusammensetzung der Ernährung sollte in etwa zu einem Drittel vegetarische Frischkost, also Obst, Gemüse, Sprossen und Keime, zu einem Drittel leicht gedünstete oder gebratene Früchte und Gemüse und zu einem Drittel weiter zubereitete Lebensmittel, Vollkornbrot, Getreideflocken, Rohmilch und Rohmilchprodukte, Seitan, milchsaure Gemüse, Sojaprodukte und dergleichen enthalten. Geringe Anteile von Fleisch, Fisch und Geflügel schaden nicht, wenn der Mensch grundsätzlich gesund ist und das Fleisch von natürlich und glücklich gehaltenen Tieren stammt. Fleisch ist aber nicht nötig, wenn auf ausgewogene Ernährung geachtet wird. Schweinefleisch sollte auf jeden Fall auch von Gesunden gemieden werden, weil es, wie viele Versuche beweisen, viele Krankheiten begünstigt oder hervorrufen kann.

Spezialfälle ...

gibt es natürlich viele. Bei einer langen Reihe von Krankheiten sind darüber hinaus natürlich noch weitere Punkte zu berücksichtigten. Die jeweiligen Hinweise findest Du im folgenden Kapitel unter dem entsprechenden Stichwort der Erkrankung. Außerdem lohnt es sich in jedem Fall, noch mehr über gesunde Ernährung zu lernen. Fast jede Volkshochschule bietet die entsprechenden Kurse zur Fortbildung an, bestimmt auch die in Deiner Nähe. Raff Dich auf und schau mal hin! Weiterhin findest Du in der kommentierten Bibliographie einige sehr gute Bücher zum Thema.

---

* Gesunder Appetit stellt sich ein, wenn die oben beschriebenen Teufelskreise durchbrochen und aufgelöst sind. Sonst nicht!

Kapitel 3

Wie Du Dir selbst wirksame Sonderpositionen für Reiki-Anwendungen erarbeiten kannst

In vielen Reiki-Büchern werden Sonderpositionen und Ganzbehandlungen dargestellt. Bisher ist meines Wissens aber noch nie genauer erklärt worden, warum bestimmte Positionen so und nicht anders wirken. Dabei ist dies gar nicht so schwierig zu verstehen, und es eröffnet ein weites Betätigungsfeld, das man unter der Gegebenheit eines ganzheitlichen Verständnisses für die Hintergründe sehr leicht und sinnvoll mit eigener Kreativität ausfüllen kann.

Welche Arten von Sonderpositionen gibt es?

Ein Überblick über die verschiedenen Arten der Haltung und Wirkung wird zum besseren Verständnis der Positionen bei der Reiki-Behandlung beitragen.

○ 1. Positionen mit direkter Funktion. Das bedeutet, die Hände werden zum Beispiel über der Leber auf den Körper gelegt, um die Leber zu behandeln, oder über ein bestimmtes Chakra gehalten, um dessen Energiefeld zu erfassen. Dieser Punkt läßt sich noch weiter unterteilen in:

1.1. Positionen für den materiellen Bereich, also der »anfaß-bare« Körper, die Akupunkturmeridiane, Muskelpanzerringe, Energieorgane, sowie

1.2. Positionen für den feinstofflichen Körper, also zum Beispiel die Haupt- und Nebenchakren und die Felder der Aura.

○ 2. Positionen mit indirekter Funktion. Dies sind die vielen Reflexzonen unterschiedlichster Art, über die sich alle wichtigen Funktionsträger des Organismus, wie zum Beispiel Chakren, Organe, Nervenzentren und so weiter, erreichen lassen und die mitunter weit vom Ort ihrer Wirkung entfernt sind. So lassen sich zum Beispiel über die Innenseiten der Füße alle Hauptchakren bestens reflexorisch erreichen. Auch hier können wir wieder unterscheiden zwischen

2.1. Reflexzonen, die materiellen Bereichen zugeordnet sind, und

2.2. Reflexzonen, die den feinstofflichen Bereichen zugeordnet sind.

Wie ermittelst Du eine Sonderposition für eine Befindlichkeitsstörung?

Zuerst geht es darum, die auftretenden Symptome grundsätzlich zuzuordnen. Dabei bietet sich das folgende, für eine grundlegende Darstellung vereinfachte Schema an, das ich im Laufe der Zeit aus meiner Praxis entwickelt habe ...

1. Ist ein oder sind mehrere Körperbereiche oder Organe festzustellen, die in Disharmonie sind? Also zum Beispiel: Schmerzt der Magen oder die Nieren, hast Du Halsweh, siehst Du schlecht, hast Du Dich in den Finger geschnitten, oder hast Du eine Prellung? In diesem Fall kannst Du erstens dort behandeln, wo es weh tut beziehungsweise wo die Störung lokalisiert werden kann. In manchen Fällen ist es gut, den Körper und seine Funktionen ein

bißchen besser zu kennen. Ein Beispiel: Du stellst fest, daß Du eine starke Abneigung gegen fette Speisen hast und Alkohol schlecht verträgst. Dann solltest Du dies von Dir aus als Aufforderung verstehen, Leber und Bauchspeicheldrüse verstärkt mit Reiki zu behandeln. Diese beiden Organe sind nämlich unmittelbar an der Fettverdauung beteiligt. Die Leber muß den Alkohol entgiften, und die Bauchspeicheldrüse reagiert von allen Organen des Körpers wohl am empfindlichsten auf Gifte. Solche Rückschlüsse lassen sich leichter ziehen, als Du jetzt vielleicht denkst. In der kommentierten Bibliographie findest Du einige Bücher, die Dir dazu wertvolle Hinweise geben können. Beschäftige Dich mit ihnen, probiere aus, und schnell wirst Du merken, daß es wirklich gar nicht so kompliziert ist. Ein wenig Mühe ist natürlich schon notwendig, aber diese kleine Anstrengung zahlt sich sehr bald aus ...

2. Dann kannst Du Hand-, Fuß- oder andere Reflexzonen für die betroffenen Organe und Körperbereiche ausfindig machen und darüber Reiki zusätzlich oder auch allein anwenden. Oft lassen sich Störungen leichter über weit vom Ort des Geschehens gelegene Reflexzonen harmonisieren als direkt am betroffenen Bereich. Dazu gibt es eine Faustregel: Wenn Du direkt nicht zum Zuge kommst, wähle die am weitesten davon entfernte Reflexzone für die weitere Behandlung. Doch woher weißt Du, wo diese Reflexzonen liegen? Nun, ich habe Dir einige Arbeit abgenommen und ein wenig recherchiert. Das Ergebnis ist ebenfalls in der kommentierten Bibliographie im Anhang zu finden.

3. Nun kannst Du zum Beispiel die Befindlichkeitsstörung noch den Akupunkturmeridianen, bestimmten Akupunkturpunkten oder Ansammlungen von ihnen, den Haupt- oder Nebenchakren, den Energieorganen und den Aurafeldern zuordnen und die jeweiligen Bereiche direkt oder reflexorisch behandeln. Diese Methode bietet sich besonders bei Erkrankungen, die weite Bereiche des Körpers erfassen, sowie bei chronischen und psychischen Disharmonien zur Ergänzung der Reiki Behandlung an.

Auch hierzu findest Du Bücher in der kommentierten Bibliographie, die Dir weiterhelfen.

4. Eine weitere Methode ergibt sich aus der Entwicklung der feinstofflichen Sinne. Nimmst Du Dir ein wenig Zeit zur Entwicklung Deiner Wahrnehmungsfähigkeit in diesem Bereich, kannst Du bei Dir und anderen mitunter sehr schnell feststellen, wo Reiki in diesem speziellen Fall besonders nützlich ist. Falls Du in der Nähe keinen geeigneten Lehrer dafür hast, kannst Du auch mittels des dafür gestalteten Programms in meinem »Aura-Heilbuch«, Windpferd Verlag, im Selbststudium diese Fähigkeiten leicht entwickeln.

5. Wenn Du genau beobachtest und fragst, wirst Du feststellen, daß Kranke bestimmte Körperbereiche haben, auf die sie gern ihre Hände legen. Auch wenn sie von Reiki und Energiearbeit noch nie etwas gehört haben. Ein jedem bekanntes Beispiel ist wohl, daß Schwangere ihre Hände häufig auf den Rücken in die Nierengegend legen. Die Nieren werden während einer Schwangerschaft auch tatsächlich stark beansprucht, und durch das Auflegen der Hände wird eine gewisse Energieumverteilung im Körper gefördert. Mit Reiki geht das noch wesentlich intensiver. Du mußt nur auf diese natürlichen Hinweise achten. Frage zum Beispiel, wo der Betreffende am liebsten Berührungen bei einer Massage spürt oder wo er am häufigsten die Hände hat, wenn er sie tagsüber auf den Körper legt. Über diese Methode wirst Du, ähnlich wie beim Aura- und Chakrenlesen, unglaublich viel über Erkrankungen, Reflexzonen und Heilungsmöglichkeiten lernen, was Du in keinem Buch finden kannst. So, das war es schon! Gar nicht so schlimm, mmh! Jetzt kannst Du loslegen und eigene Positionen herausfinden.

Kapitel 4

Kurzbehandlung und Sonderpositionen

- Mit naturheilkundlichen Ergänzungen für 44 Beschwerden und Krankheiten -

Bevor ich Dir nun die speziellen Behandlungsmethoden vorstelle, sind noch ein paar Hinweise zu ihrer Verwendung nötig.

Zuerst das Wichtigste: Die hier angegebenen Methoden sollen, wie schon gesagt, den Besuch beim Arzt, Heilpraktiker oder Psychotherapeuten nicht überflüssig machen! Im Zweifelsfall also immer qualifizierten Rat suchen! Gerade bei schweren Krankheiten sollte der behandelnde Arzt oder Therapeut außerdem über die Reiki-Anwendungen informiert sein.

Ich habe jeweils vermerkt, wo es meiner Ansicht nach ganz wichtig ist, schnell einen Profi einzuschalten. Um optimalen Nutzen aus den hier vorgestellten Anwendungen zu ziehen, probiere zuerst die entsprechende Kurzbehandlung an drei bis vier aufeinander folgenden Tagen aus (falls nicht anders angegeben). Danach mindestens ein- bis zweimal pro Woche. In schweren Fällen täglich. Reagiert der Betroffene nach vier Tagen Behandlung noch immer nicht (genau auf körperliche und psychische Lösungs-, Reinigungs- und Heilungsprozesse achten), gehe für vier aufeinander folgende Tage zu einer langen Ganzbehandlung über, wie ich sie im 1. Kapitel geschildert habe. Danach kann mit der Kurzbehandlung weitergemacht werden. Heilreaktionen sind immer ein gutes Zeichen.

Um sie und die mit ihnen verbundenen Belastungen in Grenzen zu halten, sollten - wenn Heilreaktionen erfolgen - die Abstände zwischen den einzelnen Behandlungen ausgedehnt werden. Also zum Beispiel nicht täglich, sondern nur jeden dritten Tag mit Reiki behandeln. Es kommt dabei sehr auf den Einzelfall und die Verfassung des zu Behandelnden an. Im Zweifelsfall sollte bei Heilreaktionen ein Naturheilkundler hinzugezogen werden. Die ergänzenden naturheilkundlichen Methoden können parallel zu Reiki angewendet werden. Bei schweren Krankheiten, großer körperlicher Schwäche und in allen Zweifelsfällen sollte ihre Anwendung mit dem behandelnden naturheilkundlichen Arzt oder Heilpraktiker besprochen werden, da dieser zu einer sachgerechten Einschätzung möglichst umfassend über den Fall informiert sein muß.

Gerade bei chronischen und psychisch bedingten Krankheiten kann es länger dauern, bis sich deutlich eine Besserung abzeichnet. Hier mag der Schlüssel zum Erfolg in der nötigen Geduld liegen.

Vertiefende Informationen über Reiki-Behandlung, Heilung und dergleichen findest Du in den Büchern, die ich in der kommentierten Bibliographie im Anhang vorgestellt habe.

Bei den Tips für *heilende Lebensmittel* und *Kräuter* gehe ich immer davon aus, daß diese aus ökologischem Anbau, wie zum Beispiel »Demeter®« oder »Bioland®« stammen und frisch, also ohne lange Zwischenlagerung verwendet werden. *Honig* sollte kaltgeschleudert, naturbelassen und möglichst aus ökologischer Bienenhaltung sein. Honig darf nicht erhitzt werden, sonst verliert er seine Wirkkraft. Also nie in Speisen oder Getränke geben, die mehr als etwa Körpertemperatur haben! Ebenso bitte mit frischen Kräutern verfahren. *Kräuter* sollten, ebenso wie *Knoblauch* und *Zwiebeln*, erst direkt vor dem Genuß geschnitten werden. Ich habe oft Knoblauch empfohlen, weil er in vielen Fällen von unschlagbarer Heilkraft ist. Er sollte regelmäßig, aber nicht in großen Mengen und vorzugsweise zusammen mit anderen Speisen gegessen werden. Manche stören sich an seinem

Geruch. Dagegen läßt sich folgendes tun: Nach dem Essen eine Kaffeebohne oder etwas frische Petersilie gut kauen. Auch ein paar Bissen Banane oder etwas Milch helfen.

Kranke sollten keine Nahrung zu sich nehmen, die nach dem ersten Kochvorgang wieder aufgewärmt ist. Gesunde sollten diese zumindest nicht überwiegend essen. Mehrmals aufgewärmtes Essen ist auch für Gesunde nicht geeignet.

Merke: Wenn der Kranke gegen eine bestimmte angezeigte Heil-Nahrung oder Arznei starke Abneigung zeigt, sollte diese abgesetzt werden. Man gebe ihm dann ein anderes Mittel mit dem entsprechenden Wirkungsspektrum und Speisen, auf die er Appetit hat.

Ein Tip aus der schamanischen Heilkunde: Heilkräuter, Medizin und Heil-Nahrung in die Hände nehmen oder die Hände darüber halten und die Aufmerksamkeit auf den Herzbereich richten. Dann die Schöpferkraft und den Geist/Engel der Pflanzen um ihren Segen und ihre Mithilfe bei der Heilung bitten. Mutter Erde und Vater Sonne für ihre Geschenke danken, die uns leben lassen und Heilung schenken. Einen Moment in diesem Bewußtsein verweilen und spüren, wie sich die Strahlkraft der so behandelten Medizin entfaltet.

Drei Reiki-Anwendungen für den 2. Grad, die häufig sehr nützlich sind, beschreibe ich im folgenden Text ausführlich und verweise später nur über ein Stichwort darauf.

I.
Die Mentalheilung mit Eingabe

Wähle mit der Frage:»Welche Eingabe, die ich auch annehmen kann, soll ich bei der Reiki-Mentalheilung verwenden, um ... (Beschreibung der Erkrankung) zu harmonisieren/zu heilen?« aus meinem Chakra-Energie-Karten-Set.*

Behandle nun möglichst täglich über die Mentalheilung mit Reiki jeweils drei bis fünf Minuten und wiederhole ständig dabei gedanklich die ausgewählte Eingabe.

Achtung! Dies ist keine suggestive oder hypnotische Methode! Die so ausgewählte Eingabe zeigt Reiki nur den ganzheitlich richtigen Weg, damit es optimal wirken kann. Auf diese Methode verweise ich in dem folgenden Text unter dem Stichwort »Mentalheilung mit Eingabe«.

II.
Reiki-Kontakt mit dem Inneren Kind

Nimm regelmäßig, mindestens zwei- bis dreimal pro Woche einige Minuten Kontakt mit dem *Inneren Kind* des Kranken auf.

Verwende dazu die Fernheilung des 2. Grades mit der Anrede »Inneres Kind von ... (Vor- und Zuname des Kranken)« (dreimal wiederholen). Dieses Vorgehen verstärkt grundsätzlich Lebenswillen, Vitalität, Flexibilität und Intuition des Empfängers der

---

* »Chakra-Energie-Karten«, Windpferd Verlag, 1993. Diese Sammlung von Affirmationen ist besonders auf die Techniken der Mentalheilung des 2.Reiki-Grades von mir abgestimmt worden und enthält neben hochwirksamen Eingaben, die den Energiezentren des menschlichen Körpers zugeordnet sind, viele wichtige Zuordnungen zu Heilsteinen, Aromaessenzen und Bachblüten. Es ist eine ausgezeichnete Ergänzung zu dem vorliegenden Buch.

Fernbehandlung. Vielleicht lösen und befreien sich im Laufe der Behandlung viele blockierte Gefühle.

Der Raum sollte geschaffen werden, in dem der Behandelte diese Energien ausleben kann, und es sollte jemand für ihn da sein - zum Anlehnen und Auffangen. Einige Stunden Psychotherapie helfen insbesondere dann sehr viel, wenn durch die Reiki-Behandlung das Innenleben stark in Bewegung gekommen ist. Ich verweise im folgenden darauf unter dem Stichwort »Reiki für das *Innere Kind*«.

III.
Reiki-Kontakt mit dem Hohen Selbst

Nimm regelmäßig, mindestens zwei- bis dreimal pro Woche für einige Minuten Kontakt mit dem *Hohen Selbst* des Kranken auf. Verwende dazu die Fernheilungsmethode des 2. Grades mit der Anrede »Hohes Selbst von ... (Vor- und Zuname des Erkrankten) (dreimal wiederholen). Diese Methode stärkt die Anbindung des Betroffenen an seinen spirituellen Weg; er oder sie kann sich infolgedessen besser (und tiefer) auf die in seinem Leben zu lösenden Lernaufgaben einschwingen. Ist der Kranke grundsätzlich bereit, kann ihm sein *Hohes Selbst* auf diesem Weg leichter zur Gesundung verhelfen und außerdem dafür sorgen, daß die Botschaft der Krankheit erfaßt, akzeptiert und ins eigene Dasein integriert wird. Neue Wege können sich ihm eröffnen, die zu Glück und Frieden, Erfolg und Wachstum führen. Ich verweise auf diese Methode im folgenden Text unter dem Stichwort: »Reiki für das *Hohe Selbst*«.

Ich habe darauf verzichtet, die »normalen« Erste-Hilfe-Maßnahmen mit zu beschreiben, da sie reichlich dokumentiert sind und über für jeden erreichbare Kurse erlernt werden können (und sollten!). Die hier vorgestellten Methoden sollen diese Maßnahmen nicht ersetzen, sondern sinnvoll ergänzen. Hinweis: Die Behandlungssequenzen zu Reiki 1 sollten in der durch die Zahlen vorgegebenen Reihenfolge durchgeführt werden. Bezeichnungen wie 1a und 1b bedeuten, daß gleichzeitig die eine Hand an Position 1a) und die andere an Position 1b) liegt. Bezeichnungen wie 1a), 1b), 1c) bedeuten, daß gleichzeitig eine Hand die Position 1a) behandelt, während die andere 1b) mit Reiki versorgt. Dann wechselt die eine Hand von 1b) zu 1c), während die andere bei 1a) bleibt.

Anwendungen

Akne

Allgemeines: Akne ist eine Erkrankung der Talgdrüsen. Ausgangspunkt ist häufig eine angeboren fettige Haut (Seborrhoe) mit verstärkter Verhornung. Durch Einfluß der Bakterien werden Entzündungen ausgelöst. Als Ursache für die verstärkte Fettproduktion können Streß, Überforderung, emotionale und psychische Faktoren angenommen werden. Meist tritt Akne vor allem in der Pubertät verstärkt auf, weil die Haut als Beziehungs- und Kontaktorgan mit den Geschlechtsdrüsen und dem 2. Chakra in Verbindung steht, die dann ihre Funktion aufnehmen. Achtung! Manche Medikamente lösen Akne aus. Allergien können ebenso vorliegen. Akne ist eine vielschichtige Krankheit, die ganzheitlich behandelt werden sollte und immer psychische Hintergründe hat, eine arzneibedingte Reaktion einmal ausgenommen.

Reikibehandlung mit dem 1. Grad: Längere Zeit die folgenden Positionen mindestens je fünf Minuten geben -

1a) Stirn und 1b) Hinterkopf; 2a,b) Schulterblätter; 3) Solarplexus; 4) Unterleib; 5a,b) Nieren; 6) Kreuzbein.

Reikibehandlung mit dem 2. Grad: Mentalheilung mit Eingaben; bei schweren Fällen Reiki für das *Innere Kind*.

Naturheilkundliche Ergänzung: Regelmäßig Kanne Brottrunk® und Fermentgetreide® und jeden Tag eine rohe Knoblauchzehe, fein geschnitten, in irgendeiner Form, auch in Portionen aufgeteilt, zu sich nehmen. Jeden Morgen vor dem Frühstück ein Glas nicht zu kaltes Wasser trinken, in dem ein guter Teelöffel naturbelassener Honig aus ökologischer Bienenhaltung verrührt wird. Viel ungesättigte Fettsäuren, zum Beispiel über Distelöl, Reformmargarine und dergleichen zuführen. Vegetarische Kost, auf jeden Fall aber Verzicht auf Schweinefleisch. Für ausreichende Vitaminversorgung, besonders mit dem B-Komplex, A und E sorgen. An jede Speise rohen oder getrockneten Thymian geben. Regelmäßig Masken mit Heilerde auf die betroffenen Bereiche

Akne

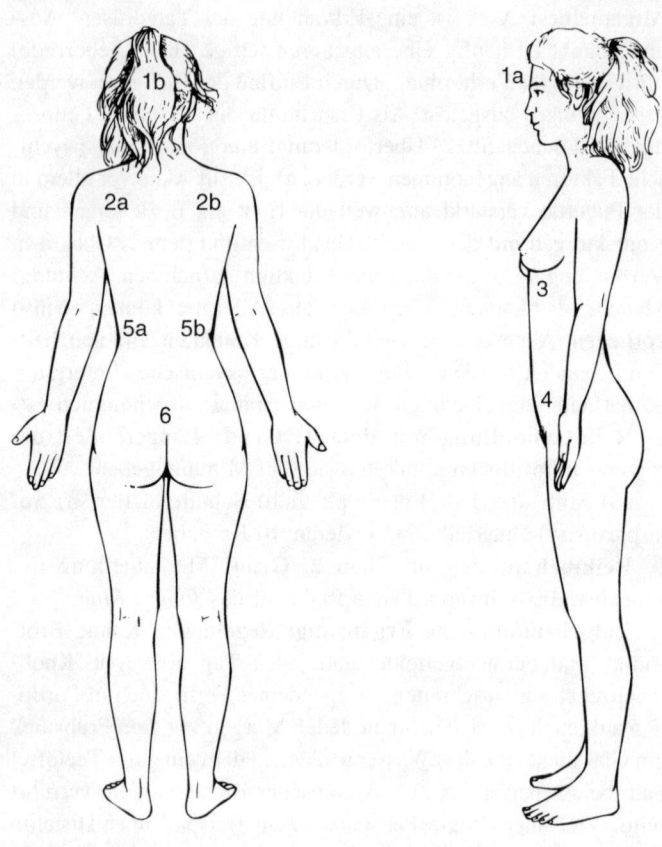

Behandlungspositionen: 1a) Stirn und 1b) Hinterkopf; 2a,b) Schulterblätter; 3) Solarplexus; 4) Unterleib; 5a,b) Nieren; 6) Kreuzbein.

aufbringen. Neutrale medizinische Waschmittel verwenden. Dekorative, nicht medizinische Kosmetik weglassen.

Besuch beim Arzt/Heilpraktiker: Nur bei schweren und hartnäckigen Fällen notwendig.

Besuch eines Psychotherapeuten: Kann bei schweren und hartnäckigen Fällen sehr helfen, da etwa vorhandene psychische Probleme aufgedeckt und harmonisiert werden können. Dies macht in schweren Fällen die nachhaltige Ausheilung oft überhaupt erst möglich!

Allergien

Allgemeines: Die Allergie ist eine durchaus zweckmäßige Abwehrreaktion gegen Substanzen, die dem Körper aus den verschiedensten Gründen nicht bekommen. Gegen diese »Allergene« bildet der Körper spezielle Antikörper, was zunächst nicht bemerkt wird. Der Allergiker ist nun gegen diese Fremdsubstanz sensibilisiert. Kommt es zum erneuten Kontakt mit der gleichen Substanz, so spricht der Körper mit einer Abwehrreaktion an. Noch ist weitgehend unbekannt, weshalb ein Mensch auf bestimmte Stoffe allergisch reagiert. Gewisse Formen der Allergie sind angeboren, andere wiederum werden im Laufe des Lebens erworben. Die spirituelle Heilkunde sieht die die Allergie auslösende Substanz als ein Symbol für etwas, das der Kranke nicht mit seinem Sein verkörpern will. Dieser verdrängte Anteil kann liebevoll integriert werden, so daß die Allergie überflüssig wird. Dies erfordet in der Regel viel Geduld und qualifizierte Begleitung.

Reikibehandlung mit dem 1. Grad: Langfristig für mindestens sechs Wochen täglich die folgenden Positionen mindestens je vier Minuten geben - 1a) Stirn mit 3. Auge, 1b) Hinterkopf mit Medulla oblongata; 2a,b) Ohren; 3) Schädeldach; 4) Solarplexus bis Nabel; 5a,b) Becken-V; 6) Kreuzbein; 7a,b) Nieren; 8a,b) Fußsohlen.

Reikibehandlung mit dem 2. Grad: Mentalbehandlung mit Eingaben.

Naturheilkundliche Ergänzung: Original Schwedentrunk, Silicea-Balsam und Kanne Brottrunk® über längere Zeit einnehmen. Auf vegetarische Ernährung umstellen.

Besuch beim Arzt/Heilpraktiker: Sollte bei schweren und hartnäckigen Fällen immer erfolgen.

Besuch eines Psychotherapeuten: Ist bei hartnäckigen und schweren Fällen sehr hilfreich.

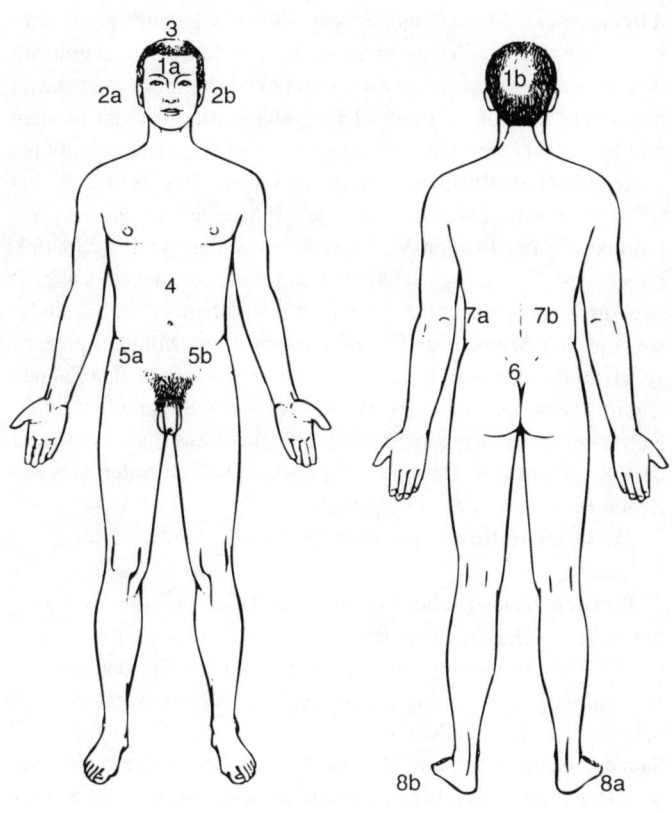

Behandlungspositionend: 1a) Stirn mit 3. Auge, 1b) Hinterkopf mit Medulla oblongata; 2a,b) Ohren; 3) Schädeldach; 4) Solarplexus bis Nabel; 5a,b) Becken-V; 6) Kreuzbein; 7a,b) Nieren; 8a,b) Fußsohlen.

Allgemeines: Ängste und Furcht sollten Ratgeber sein, aber keine Herrscher. Jeder gesunde Mensch ist fähig, sie zu empfinden. Krankhaft sind Angst oder Furcht erst dann, wenn er davon beherrscht wird und darunter leidet oder er sie für nicht existent erklärt und sich der damit verbundenen Gefühle nicht bewußt ist.

Reikibehandlung mit dem 1. Grad: Bei akuter Angst folgende Positionen mindestens je 15 Minuten geben - 2) Solarplexus; 3a,b) Becken-V, die Hände von den Beckenschaufelknochen v-förmig zum Schambein hin zusammenlegen. Langfristig zur Umstimmung die folgenden Positionen 1) bis 6) mindestens je vier Minuten und 7) mindestens sechs Minuten geben - 1a,b) die Hände parallel zur Nase von der Stirn bis zu den Zähnen legen; 2) Solarplexus; 3a,b) Becken-V; 4a,b) die Schulterblätter; 5a,b) Nieren; 6a) Kreuzbein, 6b) Steißbein (diese Hand muß unter dem Steißbein zum Damm hin liegen); 7a,b) Fußsohlen von den Zehen bis mindestens zur Fußmitte.

Reikibehandlung mit dem 2. Grad: Mentalheilung mit Eingaben.

Naturheilkundliche Ergänzung: Über längere Zeit täglich mehrere Gläser Kanne Brottrunk®vor dem Essen trinken. Das erste Glas am Morgen mit einem guten Teelöffel naturreinem Bienenhonig aus ökologischem Anbau. Wer dies nicht mag, nehme den Honig allein in warmem Wasser. An Suppen und Saucen, wenn sie etwas abgekühlt sind, Fermentgetreide® geben. Regelmäßig Baldrianwurzeltee trinken: Morgens zwei Teelöffel in einem viertel Liter kaltem Wasser ansetzen und bis zum Abend ziehen lassen, dann abseihen. Leicht erwärmt, mit etwas Honig gesüßt vor dem Schlafen trinken.

Besuch beim Arzt/Heilpraktiker: Klassische Homöopathie und Bachblüten können oft wahre Wunder bewirken.

Besuch eines Psychotherapeuten: In schweren und in hartnäckigen Fällen unbedingt eine Psychotherapie machen!

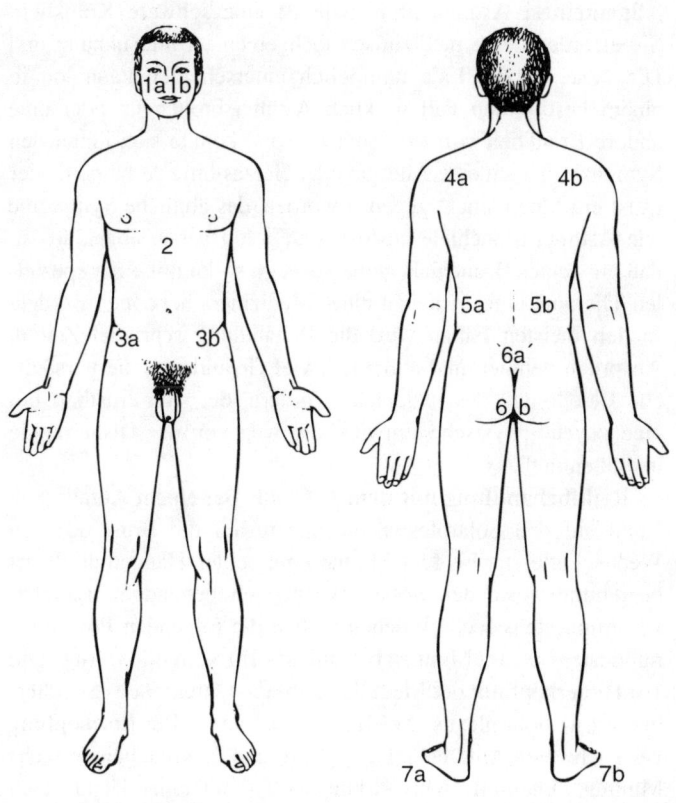

Behandlungspositionen: 1a,b) Die Hände parallel zur Nase von der Stirn bis zu den Zähnen; 2) Solarplexus; 3a,b) Becken-V; 4a,b) die Schulterblätter; 5a,b) Nieren; 6a) Kreuzbein, 6b) Steißbein bis zum Damm; 7a,b) Fußsohlen von den Zehen bis zur Fußmitte.

Asthma bronchiale

Allgemeines: Asthma bronchiale ist eine schwere Krankheit. Sie erfordert eine medizinisch fachgerechte Untersuchung und Diagnose, da der Laie unmöglich unterscheiden kann, ob in einem bestimmten Fall wirklich Asthma bronchiale oder eine andere Krankheit vorliegt. Zum Beispiel könnte sich hinter den Symptomen auch eine Allergie oder Herzasthma verbergen, oder es ist ein Medikament gegeben worden, das ähnliche Symptome wie Asthma bronchiale auslöst. Erst wenn genau abgeklärt ist, daß ein echtes Bronchialasthma vorliegt, sollte mit einer speziellen Therapie unter Aufsicht eines Mediziners begonnen werden. In den meisten Fällen wird die Behandlung sehr viel Zeit in Anspruch nehmen und außerdem viel Geduld und die persönliche Beteiligung des Patienten erfordern, der sich ernsthaft um eine psycho-physische Entwicklung weg von der Disharmonie bemühen muß.

Reikibehandlung mit dem 1. Grad: Bei einem Anfall eine Hand auf den Solarplexus, die andere auf die Brust oder im Wechsel alle vier bis fünf Minuten mit beiden Händen die Brust beziehungsweise den Solarplexusbereich behandeln. Langfristig mindestens sechs Wochen täglich die folgenden Positionen mindestens je fünf Minuten behandeln - 1a) Stirn mit 3. Auge und 1b) Hinterkopf mit der Medulla; 2a,b) die Ohren; 3a,b) Schulterblätter; 4) Solarplexus; 5) Milz; 6a,b) Nieren. Bei Erschöpfung nach schweren Anfällen - 1), 2), 4), 6) und 7) Kreuzbein je sechs Minuten. Ebenfalls sehr wirkungsvoll - mit einer Hand einen Daumen umfassen und mit der anderer Hand dieselbe Seite der Brust etwa 15 Minuten behandeln. Dann genauso mit dem anderen Daumen und der anderen Brustseite verfahren.

Reikibehandlung mit dem 2. Grad: Reiki für das *Innere Kind*, das *Hohe Selbst* und Mentalheilungen mit Eingabe.

Naturheilkundliche Ergänzung: Regelmäßig täglich etwas Rettich mit ein wenig Honig essen. Besser noch ist frischer

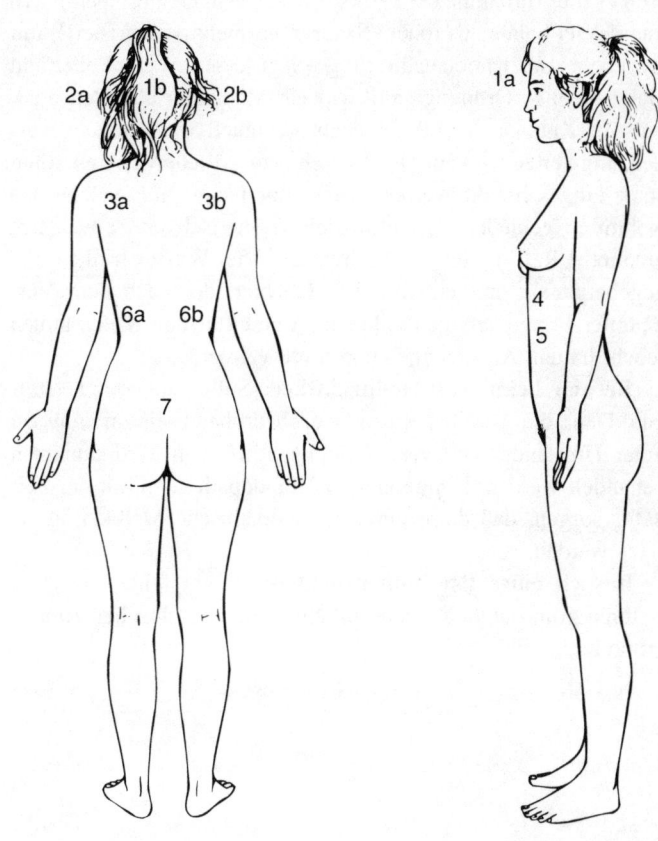

Behandlungspositionen: 1a) Stirn mit 3. Auge und 1b) Hinterkopf mit der Medulla oblongata; 2a,b) Ohren; 3a,b) Schulterblätter; 4) Solarplexus; 5) Milz; 6a,b) Nieren; 7) Kreuzbein.

Meerrettich, auch mit Honig. Auf diese Weise zubereitet, verflüssigen sie den im Körper gestauten Schleim. Kein Salz zufügen, weil es die Aufnahme der Wirkstoffe aus dem Gemüse behindern kann! Viel Salate aus rohem Sauerkraut (nicht pasteurisiert!) mit Zwiebeln *oder* Knoblauch (fein gewiegt) essen. Wenn Leber und Galle nicht in Ordnung sind, was ein Mediziner abklären muß, müssen Knoblauch und Zwiebeln eventuell weggelassen werden. Ingwertee trinken. Der Verzehr von Milchprodukten sollte stark eingeschränkt werden; wenn überhaupt, nur welche aus Rohmilch genießen. Grundsätzlich vegetarisch und eiweißarm ernähren! Raffinierten Zucker meiden. Viel Wasser trinken und gegebenenfalls mit einem Luftbefeuchter, der nach dem Verdampfer-Prinzip arbeiten sollte, die Atemluft in den Wohnräumen feucht halten. Aufregungen und Streß vermeiden.

Besuch beim Arzt/Heilpraktiker: Sollte unbedingt erfolgen! Denn die Anfälle können lebensbedrohend sein und müssen unter Umständen mit verschreibungspflichtigen Medikamenten behandelt werden. Ein geschulter Homöopath kann mit der Zeit dafür sorgen, daß diese durch homöopathische Medikation ersetzt werden.

Besuch eines Psychotherapeuten: Ist empfehlenswert, da Asthma grundsätzlich einen umfangreichen psychischen Hintergrund hat!

Allgemeines: Geistige Behinderungen können angeboren sein oder sich aus einem Unfall oder einer Erkrankung ergeben. Es lohnt sich *immer*, den Zustand nicht als unabänderlich anzusehen, sondern zu versuchen, ihn zumindest zu bessern. Umfangreiche Untersuchungen haben wiederholt gezeigt, daß dies auch in schweren Fällen durch liebevolle Zuwendung und geeignete Methoden möglich ist, vielleicht sogar weitgehend. Die verschiedenen Erscheinungsformen geistiger Behinderung sind natürlich so komplex, daß ich das Thema in diesem Rahmen nicht erschöpfend abhandeln kann. Zur Vertiefung verweise ich deswegen auf die Literatur in der kommentierten Bibliographie.*

Reikibehandlung mit dem 1. Grad: Regelmäßig mindestens zweimal pro Woche über längere Zeit folgende Positionen mindestens je 15 Minuten geben - 1a,b) die Innenseite der Füße, die gleichen Reflexzonen wie die bei der Metamorphischen Methode (siehe Buchempfehlung in Anhang I) verwendeten. Ist die Hand nicht groß genug, die ganzen Reflexzonen auf einmal zu bedecken, erst den vorderen Bereich und dann den zum Hacken hin behandeln. Vor jeder Reiki-Sitzung den zu behandelnden Bereich etwa fünf Minuten mit ganz leichter Berührung kreisend massieren. Außerdem gesondert, aber auch ergänzend, folgende Positionen regelmäßig mindestens je fünf Minuten geben - 2a,b) von der Stirn bis zu den Zähnen, parallel zur Nase; 3a,b) Ohren; 4a) Solarplexus, 4b) Herzchakra; 5a,b) die Hände des Klienten über Kreuz (weil's bequemer ist) so nehmen, daß Handteller auf Handteller liegt. Zum Abschluß noch wenigstens drei Minuten die Fußsohlen von den Zehen bis mindestens zur Fußmitte behandeln.

---

* Siehe zur Ernährungstherapie bei psychisch Erkrankten/Behinderten auch das sehr interessante, wenn auch kontroverse Buch »Nahrung für Deine Seele« von G. Friebel und Dr. med. K. Hoffmann, Laredo Verlag.

Reikibehandlung mit dem 2. Grad: Mentalheilung mit ausgewählten Eingaben. Ist der Betroffene nicht in der Lage, selbst eine Frage zu stellen und eine Eingabe auszuwählen, sollte dies seine nächste Bezugsperson übernehmen, indem sie sich eine Weile auf ihn einstellt, sich leer macht und in seinem Sinne zu handeln versucht. Weiterhin sollte sowohl das *Innere Kind* als auch das *Hohe Selbst* regelmäßig Reiki bekommen.

Naturheilkundliche Ergänzung: Sehr empfehlenswert ist die langfristige Anwendung der Metamorphischen Methode, eines speziellen Massagesystems, das praktisch jeder, auch ein kleines Kind, leicht erlernen und mit Erfolg anwenden kann. Ich verweise dazu auf die Buchempfehlung in der kommentierten Bibliographie und entsprechende Kurse, die teilweise sogar von Volkshochschulen angeboten werden. Die Metamorphische Methode läßt sich aber auch leicht aus dem Buch erlernen. Außerdem täglich über lange Zeit eine Knoblauchzehe, fein gewiegt, in Portionen über den Tag verteilt zu den Mahlzeiten geben. Immer frisch und nicht stark erhitzen. Phosphate sollten aus der Ernährung gestrichen werden. Eine Beratung bei einer Verbraucherzentrale verschafft Dir einen Überblick, wo überall welche drin sind.

Besuch beim Arzt/Heilpraktiker: Klassische Homöopathie, Akupunktur oder -pressur und Bachblüten können auch in schwierigen Fällen häufig beinahe Unglaubliches leisten. Deswegen sollten entsprechende Spezialisten hinzugezogen werden. Die Behandlung wird aber immer einige Zeit brauchen. Geduld zahlt sich aus!

Besuch eines Psychotherapeuten: Kann sehr wichtig für den Behinderten sein, ist aber in den meisten Fällen nicht kontinuierlich nötig. Die nächsten Bezugspersonen sollten aber für sich selbst unbedingt eine Reihe von Therapiestunden nehmen, um der Betreuung langfristig gewachsen zu sein und sich dabei nicht in den eigenen Problemen und Ängsten festzubeißen.

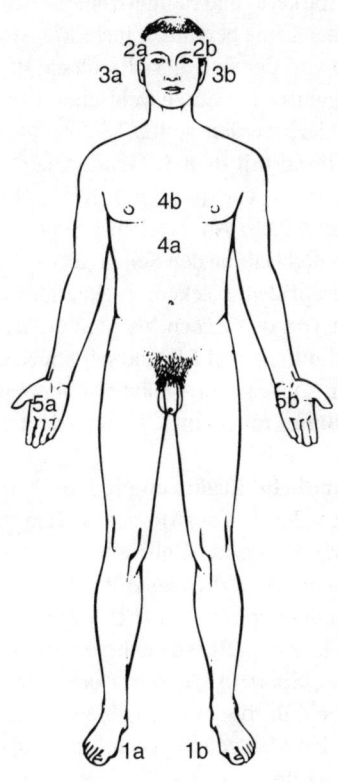

Behandlungspositionen: 1a,b) die Innenseite der Füße; 2a,b) von der Stirn bis zu den Zähnen, parallel zur Nase; 3a,b) Ohren; 4a) Solarplexus, 4b) Herzchakra; 5a,b) die Hände über Kreuz, Handteller auf Handteller.

Blutdruck (zu hoch/zu niedrig)

Allgemeines: Stärkere und längerfristige Abweichungen im Blutdruck kommen heute bei immer mehr Menschen, sogar schon in jungen Jahren vor. Oft sind diese Probleme Begleiterscheinungen anderer organischer oder psychischer Erkrankungen, was unbedingt abgeklärt werden sollte.

Reikibehandlung mit dem 1. Grad: Langfristig die folgenden Positionen geben - 1a) Stirn mit 3. Auge, 1b) Hinterkopf mit Medulla oblongata, 2a,b) Am Nacken berühren sich beide Hände und umfassen den Hals an den Seiten; 3a,b) eine Hand vor dem Hals, die andere auf dem Nacken; 4) Solarplexus; 5a,b) Nieren; 6a,b) Fußsohlen von den Zehen bis mindestens zum Mittelfuß. Bei zu hohem Blutdruck und Blutandrang im Kopfbereich diesen **nicht** behandeln, sondern nur 4) und vor allem 6a,b).

Reikibehandlung mit dem 2. Grad: Mentalbehandlung mit Eingabe.

Naturheilkundliche Ergänzung: Für zu hohen und zu niedrigen Blutdruck: Jeden Tag am Morgen und am Abend ein großes Glas frischen Weißkohlsaft (Zubereitung siehe unter »Entgiftung«; bei zu hohem Blutdruck *ohne* Weizenkeimöl; bei zu niedrigem Blutdruck *mit* Weizenkeimöl. Täglich einen möglichst frischen Kopf Salat essen. Bei zu niedrigem Blutdruck hilft mittelfristig regelmäßig Sport. Außerdem Rosmarintee. Für erhöhten Blutdruck: Täglich ein bis zwei Knoblauchzehen, fein gewiegt, in Portionen zu den Mahlzeiten geben. Immer frisch, nicht erhitzen! Regelmäßig Kürbis essen.

Besuch beim Arzt/Heilpraktiker: Sollte unbedingt erfolgen! Maßnahmen der Hausmedizin unbedingt absprechen und die Wirkung regelmäßig kontrollieren lassen.

Besuch eines Psychotherapeuten: Ist sinnvoll, wenn keine organischen Ursachen festzustellen sind oder wenn die Erkrankung nicht gut auf eine Therapie anspricht.

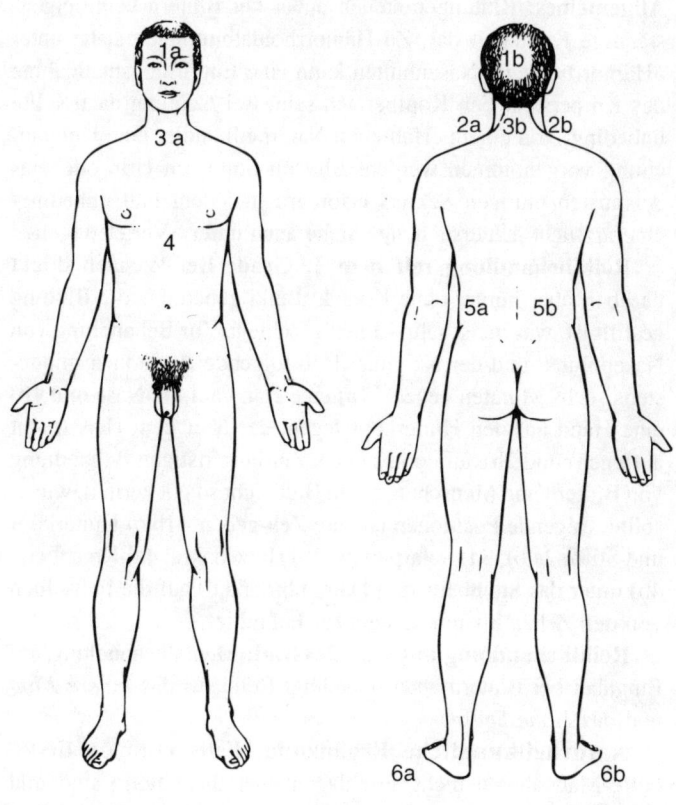

Behandlungspositionen: 1a) Stirn mit 3. Auge, 1b) Hinterkopf mit Medulla Oblongata; 2a,b) Nacken beidseitig; 3a,b) eine Hand vor dem Hals, die andere auf dem Nacken; 4) Solarplexus; 5a,b) Nieren; 6a,b) Fußsohlen von den Zehen zum Mittelfuß.

Blutungen

Allgemeines: Blutungen stellen außer bei Blutern keine eigenständige Krankheit dar. Zu Hämorrhoidalblutungen siehe unter »Hämorrhoiden«. Nasenbluten kann eine Entgiftungsmaßnahme des Körpers für den Kopfbereich sein. Bei Neigung dazu sollte unbedingt von einem erfahrenen Naturheilkundler eine Untersuchung vorgenommen werden. Blut im Stuhl, im Urin oder das Aushusten blutigen Sekrets erfordern in jedem Fall unbedingt eine ärztliche Untersuchung! Siehe auch unter »Verletzungen«.

Reikibehandlung mit dem 1. Grad: Bei Wunden direkt darüber, aber immer ohne Kontakt Reiki geben, bis die Blutung gestillt ist, was meist sehr schnell geschieht. Zur Behandlung von Nasenbluten und der Neigung dazu folgende Positionen mindestens sechs Minuten geben - 1a) eine Hand auf die Nase und 1b) eine Hand auf den Hinterkopf legen; 2a) über dem Hals (nicht auflegen) und 2b) auf den Nacken. Zur langfristigen Behandlung von Blutern und Menschen, deren Blut nicht so gut gerinnt, wie es sollte, folgende Positionen längere Zeit geben - 1b,c) Hinterkopf und Stirn; 2a,b); 3a) Solarplexus, 3b) Herzchakra; 4a) Kreuzbein, 4b) unter das Steißbein zum Damm hin; 5a,b) auf die Fußsohlen von den Zehen bis mindestens zur Fußmitte.

Reikibehandlung mit dem 2. Grad: Mentalbehandlung mit Eingabe; bei Blutern auch unbedingt Reiki für das *Innere Kind* und das *Hohe Selbst*.

Naturheilkundliche Ergänzung: Falls normale Erste-Hilfe-Maßnahmen nicht anschlagen oder nicht nötig sind und noch kein Arzt da ist, läßt sich folgendes probieren: Zerdrückter Knoblauch, auf die Wunde gelegt, fördert die Blutgerinnung und desinfiziert gleichzeitig. Ähnlich wirkt mit Salz vermischtes Mehl, Schwarzteekrümel und auch Zitronensaft. Tut weh, aber besser das als ein großer Blutverlust. Brennessel-Tee hilft, *zu starke Regelblutungen* abzuschwächen. Nach starkem Blutverlust sollte einige Zeit lang Zinnkrauttee mit reichlich naturbelassenem

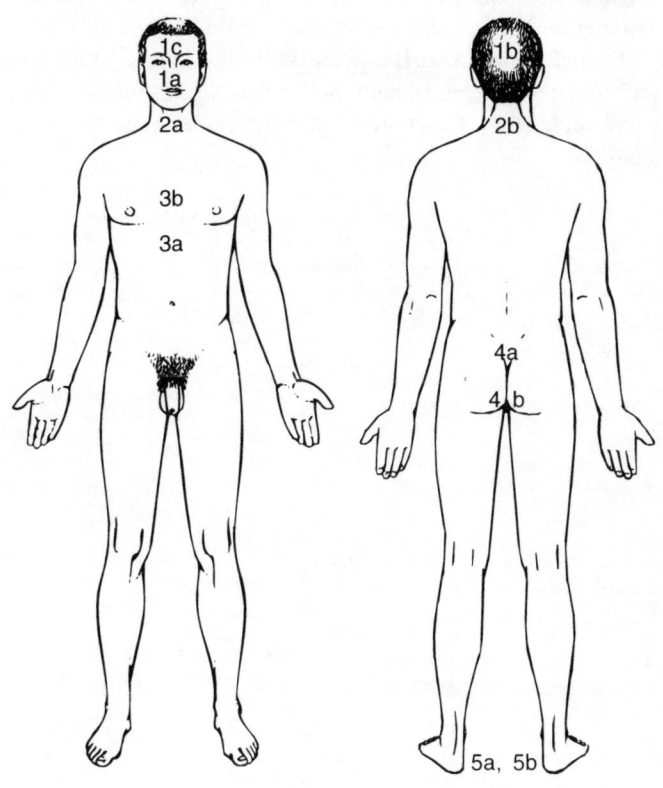

Behandlungspositionen: 1a) eine Hand auf Stirn und 3. Auge,
1b) eine Hand auf den Hinterkopf; 2a) über dem Hals (nicht auflegen)
und 2b) auf den Nacken; 3a) Solarplexus, 3b) Herzchakra;
4a) Kreuzbein, 4b) Steißbein zum Damm hin; 5a,b) Fußsohlen von
den Zehen bis zur Fußmitte.

65

Honig getrunken werden, und zwar pro Tag etwa drei Tassen. Bei der Verletzung großer Blutgefäße (Schlagader etc.) ist selbstverständlich Erste Hilfe mit Abbinden und DRuckverband das Wichtigste. Näheres dazu lernst Du in Erste-Hilfe-Kursen.

Besuch beim Arzt/Heilpraktiker: Bei starken Blutungen und Verletzungen bei Blutern: Sofort den Notarzt rufen!

Besuch eines Psychotherapeuten: Im allgemeinen nicht sinnvoll.

Diabetes mellitus (Zuckerkrankheit)

Allgemeines: Diabetes mellitus tritt grundsätzlich in zwei Formen auf: Jugend-Diabetes (praktisch unheilbar) und Alters-Diabetes, die durch verschiedene Maßnahmen zumindest gebessert und oft auch geheilt werden kann. Bei Alters-Diabetes spielen Faktoren wie Übergewicht, langfristige körperliche oder psychische Überforderung (Streßkonditionierung), Erbanlagen und Ernährungsfehler sowie eine generelle Schädigung der Bauchspeicheldrüse durch toxische Belastung eine Rolle, also zum Beispiel durch Alkoholmißbrauch oder den Genuß von chemisch belasteten Nahrungsmitteln. Sehr häufig zeigt das Verhalten, daß der Kranke sich in Teilbereichen seines Lebens weder richtig einlassen noch abgrenzen kann; diese psychische Prädisposition, wird in der Familie leicht »vererbt« ...

Reikibehandlung mit dem 1. Grad: Folgende Positionen sollten regelmäßig möglichst täglich und nüchtern mindestens je 10 Minuten gegeben werden - 1a,b) die Ellenbogenspitzen; 2) Bauchspeicheldrüse (linke Körperseite eine Hand auf den Rippen und mit ihnen abschließend bis zur Körpermitte reichend. Die andere genau darunter); 3a,b) am Halsansatz vom prominenten Halswirbel nach vorn; 4) Kreuzbein; 5a,b) die Fußsohlen von den Zehen bis mindestens zur Fußmitte.

Reikibehandlung mit dem 2. Grad: Mentalbehandlung mit Eingaben und Reiki für das *Innere Kind* lange Zeit und regelmäßig. Dies ist mitunter ausschlaggebend für eine grundsätzliche Aufarbeitung der konstitutionellen Problematik auf allen Ebenen. Im Laufe der Zeit können die Eingaben wechseln, da die Disharmonie im allgemeinen zu komplex ist, um über eine einzige Eingabe erfaßt zu werden. Bei Jugend-Diabetes unbedingt auch lange Zeit Reiki für das *Hohe Selbst*, um den Lebensweg zu klären.

Naturheilkundliche Ergänzung: Das Gemüse Topinambur kann die Senkung des Blutzuckerspiegels fördern. Man kann

Diabetes mellitus (Zuckerkrankheit)

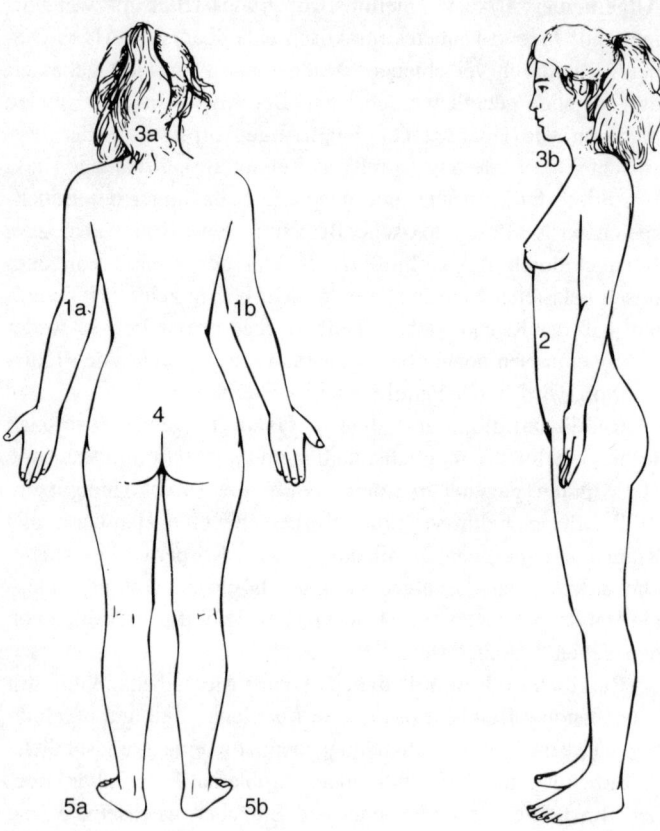

Behandlungspositionen: 1a,b) die Ellenbogenspitzen; 2) Bauchspeicheldrüse; 3a) Nacken, 3b) Hals; 4) Kreuzbein; 5a,b) die Fußsohlen von den Zehen bis mindestens zur Fußmitte.

es selbst anpflanzen oder beim Gemüsehändler bestellen. Es schmeckt roh, als Saft und gekocht ausgezeichnet und ist sehr vielseitig verwendbar, zum Beispiel als Kartoffelersatz. Als Rohkost mindestens sechs Stunden vor dem Verzehr durchziehen lassen. Diabetiker dürfen etwa doppelt so viel Topinambur wie Kartoffeln essen. Der tägliche Genuß von Weizenkeimöl und Speisehefe ist zu empfehlen, weil die in ihnen enthaltenen Vitamine im Zuckerstoffwechsel eine große Rolle spielen und dem Insulin die Arbeit erleichtern. Ansonsten täglich frischen Weißkohlsaft (Zubereitung siehe unter »Entgiftung«), rohes Sauerkraut und Kanne Brottrunk®. Bohnenschalentee kann den Blutzuckerspiegel kräftig senken helfen (aufpassen, daß keine Unterzuckerung bewirkt wird!). Das homöopathische Mittel Szygium jambolanum D 1 kann ebenfalls nützlich sein. Regelmäßige Bewegung wirkt oft Wunder. Wenn möglich Sport, aber keinen Leistungssport treiben! Achtung! Nichts davon im Alleingang - immer den behandelnden Arzt informieren!

Besuch beim Arzt/Heilpraktiker: Eine ärztliche Behandlung und regelmäßige Kontrolle muß unbedingt erfolgen. Eigene ergänzende Maßnahmen müssen immer mit dem behandelnden Arzt oder Heilpraktiker abgesprochen werden. Übrigens sind nur wenige Allgemeinmediziner zu der fachgerechten Behandlung eines Diabetikers in der Lage. Fachkliniken oder -ärzte sind deswegen empfehlenswert. Ein Naturheilkundler sollte parallel behandeln, um einen optimalen Erfolg zu gewährleisten.

Besuch eines Psychotherapeuten: Ist zumindest bei Alters-Diabetes ratsam, da eine Aufarbeitung psychischer Probleme, die oft sehr verdeckt sind, sehr viel Gutes im Rahmen des gesamten Heilungsprozesses bewirken kann.

Durchblutungsstörungen/Beine

Allgemeines: Eine mögliche Ursache ist die mangelhafte Blutversorgung in den Extremitäten, hervorgerufen durch Arteriosklerose, Nikotinmißbrauch, Stoffwechselerkrankungen (Diabetes), Gefäßschäden infolge von Verletzungen, langfristigem Arbeiten im Kalten, durch starke und längere seelische Erregung (Verkrampfung), aber auch erblich bedingt. Das Blutangebot kann den tatsächlichen Blutbedarf an den betreffenden Stellen nicht befriedigen. So gelangen zu wenig Nährstoffe in das Gewebe, und Stoffwechselschlacken werden nicht ausreichend abtransportiert.

Reikibehandlung mit dem 1. Grad: Folgende Positionen täglich über längere Zeit je zehn Minuten bis zur Ausheilung geben - 1) Solarplexus; 2a) eine Hand auf dem Kreuzbein und mit der anderen 2b,c) die Fußunterseite erst am einen, dann am anderen Hacken behandeln. 3) Dann Handbreit für Handbreit die Beine auf der Vorder- oder Rückseite vom Becken bis zu den Füßen behandeln. Jede Position mindestens vier Minuten halten.

Achtung: Wenn die Beine nach einigen Behandlungen zu schmerzen beginnen, unbedingt weitermachen! Dies ist ein Zeichen von stärkerer Durchblutung und damit Heilung! Die Schmerzen können für einige Zeit so stark werden, daß der Einsatz von Schmerzmitteln oder eine Akupunktur erwogen werden muß.

Reikibehandlung mit dem 2. Grad: Mentalbehandlung mit Eingabe. Reiki für das *Innere Kind*.

Naturheilkundliche Ergänzung: Täglich Kanne Brottrunk® mit Fermentgetreide® und ein großes Glas frisch gepreßten Weißkohlsaft (Zubereitung siehe unter »Entgiftung«), zusätzlich eine fein gewiegte frische Knoblauchzehe in den Trunk rühren. Täglich eine zweite Knoblauchzehe, fein gewiegt, in Portionen zum Essen geben. In schweren Fällen auch wesentlich mehr Knoblauch essen. Dadurch kann die Durchblutung stark verbessert werden. Außerdem täglich eine reife Ananas. Sollten Wunden

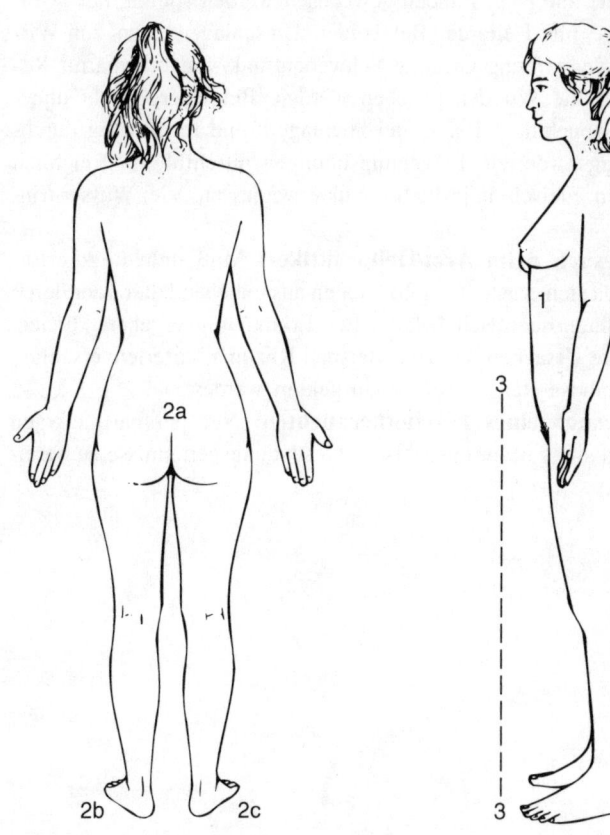

Behandlungspositionen: 1) Solarplexus; 2a) Kreuzbein, 2b,c) Fuß-
unterseiten, am Hacken, rechts und links. 3) Beine

vorhanden sein, können mehrlagige Umschläge mit Weißkohl-blättern (Anwendung ist unter Halsschmerzen beschrieben) hel-fen, die alle paar Stunden gewechselt werden sollten, oder Um-schläge mit Heilerde. Bei beiden Umschlägen kann zur Wir-kungsverstärkung Original Schwedentrunk von Infirmarius-Ro-vit auf die Wunden gegeben werden. Bei Übergewicht unbe-dingt abnehmen! Beine viel hochlagern und regelmäßig durch-blutungsfördernde Bewegungsübungen durchführen. Reichlich trinken. Fleisch und Milchprodukte weglassen. Viel Wasser trin-ken.

Besuch beim Arzt/Heilpraktiker: Muß unbedingt erfol-gen, da sich ernste Komplikationen aus unbehandelter oder durch Fehldiagnose falsch behandelter Erkrankung ergeben können. Andere Ursachen wie zum Beispiel Rheuma, Arterienverschluß, Thrombose etc. müssen genau geklärt werden.

Besuch eines Psychotherapeuten: Nur bei hartnäckigen Fällen sinnvoll, um psychische Gesundungshemmnisse zu besei-tigen.

Allgemeines: Durchfall entsteht aus bakteriellen oder parasitären Infektionen, Vergiftungen aller Art, aber auch aus psychischen Problemen. Manche Medikamente können Durchfall erzeugen, ebenso kann er als Begleiterscheinung anderer Erkrankungen auftreten. Ursachen abklären! Durchfall ist ein Zeichen, daß der Körper sich reinigen will. Er sollte nie einfach nur »abgestellt« werden. Man muß dem Körper immer bei der Entgiftung helfen, damit sich nichts in ihm festsetzt, das zu Folgeerkrankungen und Stoffwechselproblemen führen kann.

Reikibehandlung mit dem 1. Grad: Folgende Positionen regelmäßig mehrmals pro Tag mindestens je 10 Minuten geben, bis der Durchfall abgeklungen ist - 1) Solarplexus; 2) Leber (rechte Körperseite eine Hand auf den Rippen und mit ihnen abschließend bis zur Körpermitte. Die andere direkt darunter); 3) Milz/Bauchspeicheldrüse (linke Körperseite eine Hand auf den Rippen und mit ihnen abschließend bis zur Körpermitte); 4a,b) eine Hand auf den Nabel und die andere darunter auf die Körpermitte legen.

Reikibehandlung mit dem 2. Grad: Mentalbehandlung mit Eingaben. Bei hartnäckigen Fällen Reiki für das *Innere Kind*.

Naturheilkundliche Ergänzung: Viel Flüssigkeit und Salz zuführen, um den Verlust zu ersetzen. Ist nichts anderes zur Hand, ist ein bewährtes Hausmittel immer noch »Cola und Salzstangen«. Ansonsten Kohletabletten, Heilerde oder eine Apfelkur. Dazu werden bis zu drei Tagen nur feingeriebene Äpfel (mit Kernhaus und Schale!), etwa sechs bis zwölf am Tag, gegessen. Sonst nichts! Getränke sollten Wasser mit etwas Salz, Schwarz-, Kamillen- oder Pfefferminztee sein. Aber nur vor dem Essen oder ab etwa einer Stunde danach. Siehe auch unter »Fieber«. Milch und Milchprodukte, Fleisch und Schwerverdauliches auch einige Zeit nach Abklingen der Beschwerden meiden.

Durchfall

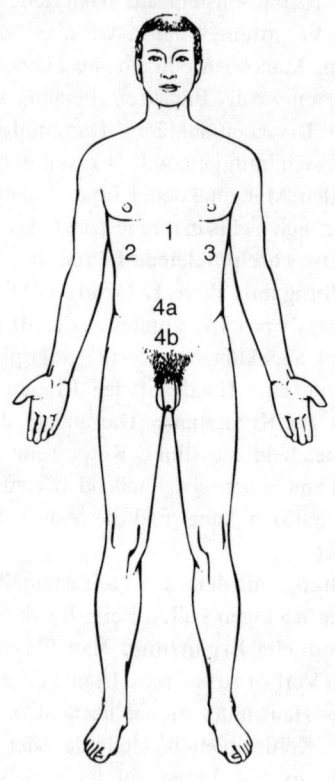

Behandlungspositionen: 1) Solarplexus; 2) Leber; 3) Milz/Bauch-speicheldrüse; 4a) Nabel, 4b) Unterbauch, Körpermittellinie.

Besuch beim Arzt/Heilpraktiker: Bei länger anhaltenden Durchfällen und wenn Blut (schwarz oder rot) oder Schleimhautfetzen im Stuhl sind, sofort zum Arzt, weil in ihrer Folge zu starker Flüssigkeitsverlust droht, unbedingt fachliche Intervention nötig ist und die Ursachen abgeklärt werden müssen.

Besuch eines Psychotherapeuten: Ist nur bei häufig wiederkehrenden oder Erkrankungen ohne eindeutige körperliche Ursachen (psychosomatischer Durchfall) sinnvoll.

Entgiftung/Verjüngungskur

Allgemeines: Seit Jahrtausenden machen Menschen in praktisch allen Kulturen regelmäßig Entgiftungskuren, um gesund zu bleiben oder zu werden. Die wohl bekannteste und älteste Methode dafür ist das Fasten. Auch die Kur nach F. X. Mayr, die Schrotkur und dergleichen sind beliebt. Entgiftungs-/Entschlakkungsmaßnahmen können viele Erkrankungen leichter heilen lassen, sie machen Psyche und Körper klar und flexibel. Die beste Jahreszeit dafür ist der Frühling. Es spricht aber nichts dagegen, so eine Kur auch zu anderen Zeiten durchzuführen.

Reikibehandlung mit dem 1. Grad: Folgende Positionen täglich mindestens jeweils vier Minuten täglich geben - 1a,b) von der Stirn bis zu den Zähnen parallel zur Nase; 2a,b) auf den Schlüsselbeinen; 3) Solarplexus; 4) Leber/Gallenblase - rechte Körperseite eine Hand auf den Rippen und mit ihnen abschließend bis zur Körpermitte, die andere direkt anschließend darunter; 5) Milz/Bauchspeicheldrüse - linke Körperseite eine Hand auf den Rippen und mit ihnen abschließend bis zur Körpermitte, die andere direkt anschließend darunter; 6a,b) Becken-V, die Hände von den Beckenschaufelknochen v-förmig zum Schambein hin zusammenlegen; 7a,b) zwischen Schulter- und Schulterblättern; 8a,b) Nieren; 9a,b) die Fußsohlen von den Zehen bis zur Fußmitte.

Reikibehandlung mit dem 2. Grad: Mentalheilung mit Eingabe.

Naturheilkundliche Ergänzung: Fleisch, Alkohol, Kaffee, Schwarztee, Industriezucker, Speisesalz und Schokolade für etwa vier Wochen (Dauer der Kur) weglassen. Mindestens 1,5 bis 2 Liter Wasser pro Tag trinken. Eine streßarme Zeit für die Kur aussuchen. Täglich dreimal Original Schwedentrunk von Infirmmarius Rovit, drei Gläser Kanne Brottrunk® mit Fermentgetreide® und ein bis zwei frische Knoblauchzehen, fein gewiegt, zum Essen nehmen. Einmal täglich ein großes Glas frischen Weiß-

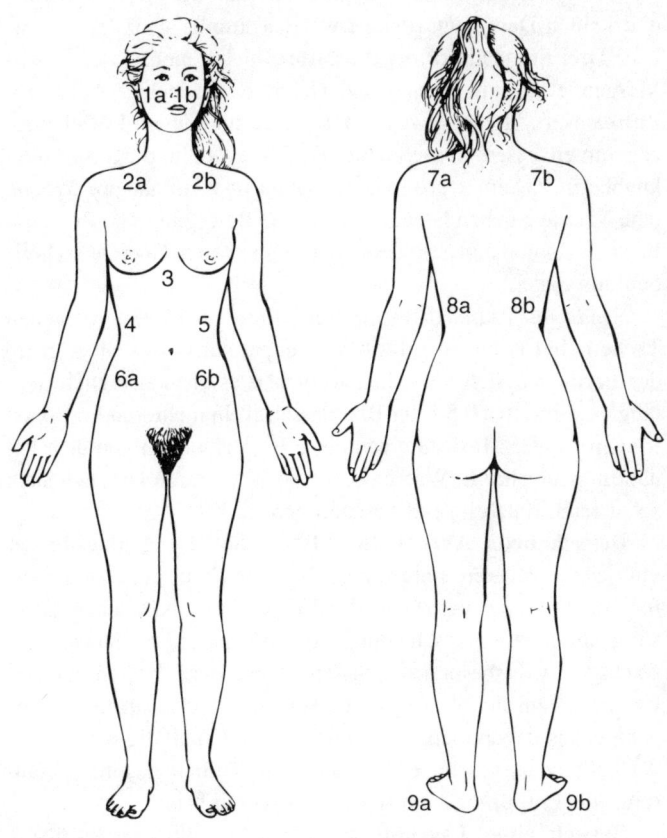

Behandlungspositionen: 1a,b) Stirn und Zähne; 2a,b) Schlüsselbeine; 3) Solarplexus; 4) Leber/Gallenblase; 5) Milz/Bauchspeichel-
drüse; 6a,b) Becken-V; 7a,b) zwischen Schulter- und Schulterblättern; 8a,b) Nieren; 9a,b) Fußsohlen, Zehen bis Mittelfuß.

kohlsaft mit Honig, dem Saft einer halben Zitrone, etwas gemahlenem Kümmel, einer Prise frischem Dill und einem guten Teelöffel Weizenkeimöl trinken. Für den Krautsaft kein Metallgeschirr und keinen Dampfentsafter verwenden. Immer ganz frisch trinken! Drei Stunden vor der Nachtruhe nichts mehr essen. Jeden Morgen einen mit Schale und Gehäuse geriebenen Apfel mit Zitronensaft, Honig, etwas Haferflocken und einem Löffel Weizenkeimen essen. Regelmäßig Kürbis essen und Kürbiskerne knabbern. Zweimal pro Woche Sauna und einmal pro Woche eine Massage geben lassen. Viel leichte Bewegung und Zeit zum In-Dich-Spüren und Nachdenken nehmen. Beten, Gedichte schreiben und malen.

Sonderfall radioaktive Entgiftung (falls es zu einem zweiten Tschernobyl kommen sollte): Viel unpasteurisiertes Miso in jeder Form, möglichst frischen Kopfsalat essen und täglich über längere Zeit etwa 0,5 Liter Brennesselsaft in mehreren Portionen trinken. Außer Miso stammen diese Empfehlungen von dem Ernährungsforscher E. Waerland, mit dessen Lehren Du Dich auch sonst recht nutzbringend beschäftigen kannst.

Besuch beim Arzt/Heilpraktiker: Sollte sicherheitshalber vor jeder größeren Entgiftungs-/Entschlackungsmaßnahme erfolgen, um festzustellen ob der Körper der zusätzlichen Belastung durch die Ausscheidung von unbrauchbaren Stoffen gewachsen ist. Insbesondere müssen Leber, Herz, Nieren und das Lymphsystem auf ihre Belastbarkeit untersucht werden. Ist irgend etwas davon nicht voll funktionsfähig, muß die Kur bis zur Ausheilung aufgeschoben werden. Der Mediziner sollte Erfahrung mit Entgiftungs-/Entschlackungskuren haben.

Besuch eines Psychotherapeuten: Unnötig, außer wenn durch die Entgiftung verdrängte Anteile und psychische Probleme in einem Maße hochkommen, das Begleitung durch einen Fachmenschen erforderlich macht.

Allgemeines: Fettsucht ist meist auf falsche Eßgewohnheiten und psychische Ursachen zurückzuführen. Nur bei etwa 3% der Betroffenen ist die Ursache eine Drüsen- und Stoffwechselstörung. Übergewichtig ist, wer über 10% mehr als sein Normalgewicht auf die Waage bringt.

Reikibehandlung mit dem 1. Grad: Folgende Positionen über längere Zeit jeweils mindestens vier Minuten geben - 1a,b) von der Stirn bis zu den Zähnen, parallel zur Nase; 2a,b) Schläfen; 3a,b) Halsvorderseite, die Hände bitte nicht auflegen; 4a,b) Leber und Gallenblase - auf der rechten Körperseite - die obere Hand schließt mit dem Rippenbogen ab und reicht bis zur Körpermitte, die andere liegt direkt anschließend darunter; 5a,b) Milz und Bauchspeicheldrüse - auf der linken Körperseite, die obere Hand schließt mit dem Rippenbogen ab und reicht bis zur Körpermitte, die andere schließt direkt darunter an; 6a,b) Becken-V, die Hände reichen von den Beckenschaufelknochen v-förmig bis zum Schambein; 7a,b) eine Hand oberhalb, die andere unterhalb des Bauchnabels; 8a,b) Fußsohlen, von den Zehenspitzen bis mindestens zur Fußmitte.

Reikibehandlung mit dem 2. Grad: Mentalheilung mit Eingabe. Reiki für das *Innere Kind* in schweren Fällen.

Naturheilkundliche Ergänzung: Hollywood Star-Diät von Judy Mazel (siehe kommentierte Bibliographie), wenn der behandelnde Arzt nichts dagegen hat. Außerdem täglich dreimal Original Schwedentrunk und viel Kombucha oder Kanne Brottrunk®. Es sollte unbedingt regelmäßig eine Sportart, *die Spaß macht*, in die Lebensgestaltung einbezogen werden. Überlegen, welche Beschäftigungen außer Essen Lebensfreude bringen können, und diese ausprobieren. Hobbys zulegen, die einfach nur spielerisch Freude machen. Wovor schützt Dich das Fett, welche Erfahrungen, die Dich ängstigen, brauchst Du hinter dem Schutzwall Deines Fettpanzers nicht zu machen? Abnehmen hat

Fettsucht

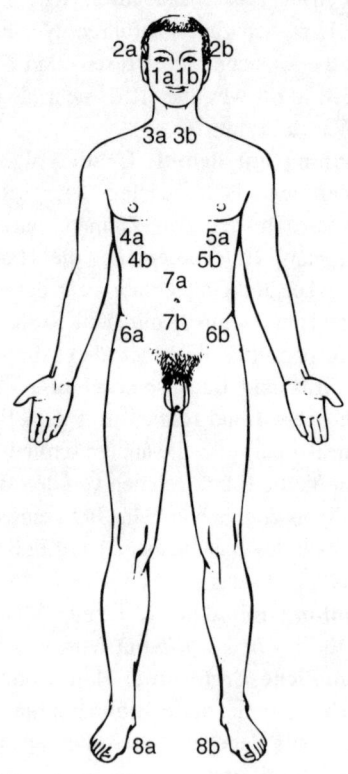

Behandlungspositionen: 1a,b) Stirn bis Zähne, parallel zur Nase; 2a,b) Schläfen; 3a,b) Halsvorderseite; 4a,b) Leber und Gallenblase; 5a,b) Milz und Bauchspeicheldrüse; 6a,b) Becken-V; 7a,b) eine Hand oberhalb, die andere unterhalb des Bauchnabels; 8a,b) Fußsohlen, Zehenspitzen bis Fußmitte.

nichts mit Willenskraft, sondern mit harmonischer, natürlicher Befriedigung von Bedürfnissen zu tun. Auf keinen Fall »Appetitzügler« nehmen! Immer die Ursachen auf allen Ebenen genau abklären. Im übrigen: Bestimmte extreme Gewichtsideale sind auch »Modesache«.

Besuch beim Arzt/Heilpraktiker: Klassische Homöopathie, Bachblüten, Akupunktur und -pressur sowie andere naturheilkundliche Methoden können sehr effektiv helfen. Sie sollten von einem qualifizierten Fachmenschen angewendet werden, der auch feststellen kann, ob zum Beispiel Schilddrüsenfunktionsstörungen, Diabetes mellitus oder andere schwere Erkrankungen vorhanden sind. Er kann auch eine individuell geeignete Diät zusammenzustellen helfen.

Besuch eines Psychotherapeuten: Sollte bei länger bestehendem großem Übergewicht oder plötzlicher Gewichtszunahme unbedingt erfolgen, wenn keine organischen Ursachen festzustellen sind. NLP, eine neuzeitliche Therapiemethode, kann sehr gut helfen. Immer ist aber der echte persönliche Wunsch nach einer anderen Lebensgestaltung ohne Übergewicht notwendig.

Fieber

Allgemeines: Fieber ist eine *sinnvolle* Reaktion des Körpers zur Bekämpfung einer Infektion. Fieber sollte nicht behindert werden, solange es nicht die Belastbarkeit des Betroffenen oder etwa 40 Grad Celsius übersteigt. Eine Entfieberung darf nicht zu schnell erfolgen, da sonst Herz-/Kreislaufprobleme auftreten können. Also immer erst die Reaktion auf eine Anwendung abwarten und nichts zu schnell machen, außer im Notfall.

Reikibehandlung mit dem 1. Grad: 1a,b) von der Stirn bis zu den Zähnen, parallel zur Nase; 2a,b) Ohren; 3) Hinterkopf; 4) Solarplexus; 5a,b) Leber und Gallenblase - auf der rechten Körperseite die obere Hand mit den Rippen abschließend und bis zur Körpermitte reichend, die andere direkt anschließend darunter; 6a,b) Kreuzbein und unterhalb des Steißbeins bis zum Damm; 7a,b) Fußsohlen von den Zehen bis mindestens zur Fußmitte.

Reiki mit dem 2. Grad: Mentalbehandlung mit Eingabe.

Naturheilkundliche Ergänzung: Mit frisch geschnittener Zwiebel die Fußsohlen abreiben und dann damit einen Fuß-Wickel machen. Alle paar Stunden erneuern. Ingwer- oder Schwarztee trinken. »Schnapsabreibung«, den ganzen Körper mit hochprozentigem Alkohol abreiben. Kein Likör, der klebt zu sehr! Kirschsaft trinken oder rohe Kirschen essen. Getrocknete Apfelspalten (ungeschwefelt!) essen. Tee aus frischem Knoblauch (eine zerdrückte Zehe pro Liter) oder Pfefferkörnern (10 grob zerstoßene Körner pro Liter). Nicht zu viel auf einmal und vorher ein bißchen essen. Nicht unbedingt geeignet für Leute mit empfindlichem Magen. Werden die Handgelenke in kaltem Wasser gebadet, kühlt dies den ganzen Körper ab.

Besuch beim Arzt/Heilpraktiker: Nur bei hohem Fieber, etwa über 39 Grad Celsius, und länger als drei Tage anhaltendem oder mit Abständen öfter auftretendem Fieber unbedingt nötig.

Besuch eines Psychotherapeuten: Nicht sinnvoll.

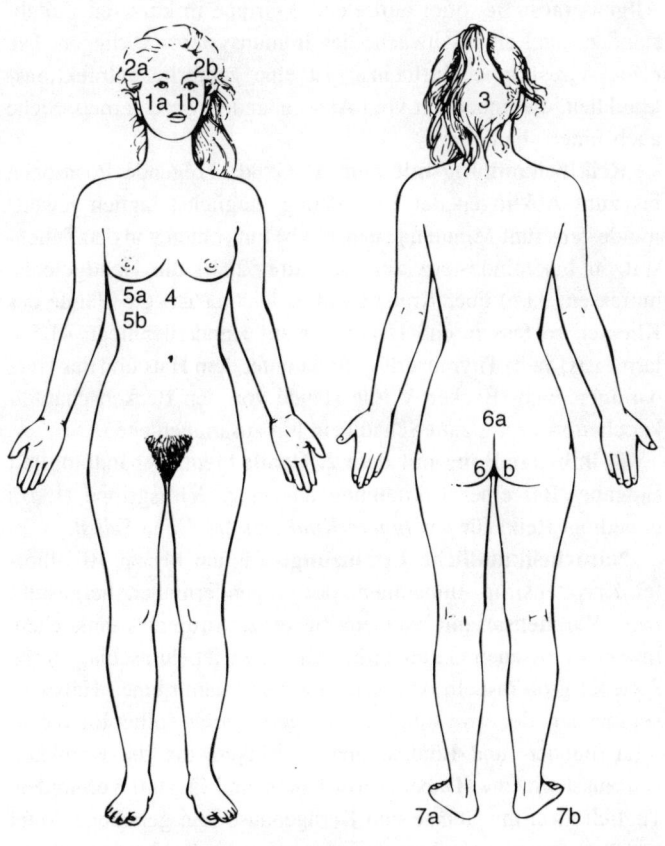

Behandlungspositionen: 1a,b) Stirn bis Zähne, parallel zur Nase; 2a,b) Ohren; 3) Hinterkopf; 4) Solarplexus; 5a,b) Leber und Gallenblase; 6a,b) Kreuzbein und unterhalb des Steißbeins bis zum Damm; 7a,b) Fußsohlen, Zehen bis Fußmitte.

Grippe

Allgemeines: Bei öfter auftretender Grippe in kürzeren Zeitabständen kann eine Schwäche des Immunsystems vorliegen. Die echte Virusgrippe "Influenza" ist eine gefährliche Infektionskrankheit, die unbedingt vom Arzt behandelt werden muß. Siehe auch unter »Fieber«.

Reikibehandlung mit dem 1. Grad: Folgende Positionen bis zum Abklingen der Erkrankung möglichst täglich jeweils mindestens fünf Minuten geben - 1a,b) Fußsohlen von den Zehenspitzen bis mindestens zur Fußmitte; 2a,b) die Handgelenke umfassen; 3a,b) über Kreuz (weil es leichter ist) die Hände des Klienten so fassen, daß Handteller auf Handteller liegt; 4) Solarplexus; 5a,b) Thymusdrüse direkt unter dem Hals und das Herz darunter; 6a,b) Becken-V, die Hände von den Beckenschaufelknochen v-förmig zum Schambein hin zusammenlegen.

Reikibehandlung mit dem 2. Grad: Mentalbehandlung mit Eingabe. Bei einer Erkrankung an echter Virusgrippe (s. o.) unbedingt Reiki für das *Innere Kind* und das *Hohe Selbst*.

Naturheilkundliche Ergänzung: Täglich bis zu 10 Eßlöffel Karottensirup einnehmen, der folgendermaßen hergestellt wird: Karottensaft mit braunem Zucker zu Sirup dick einkochen. Im verschlossenen Gefäß aufbewahren. Zwiebelumschlag: Rohe Zwiebel grob raspeln oder schneiden und damit einen Halswickel machen, der etwa stündlich erneuert werden sollte. Im Wechsel Holunder- und Lindenblütentee trinken, um die Krankheit »auszuschwitzen«. Dabei warm halten und Zugluft vermeiden. Täglich zwei mit Schale und Kerngehäuse fein geriebene Äpfel und Karotten mit Honig und Zitronensaft als Rohkost essen.

Besuch beim Arzt/Heilpraktiker: Bei regelmäßig wiederkehrender Erkrankung wäre eine qualifizierte naturheilkundliche Behandlung sehr zu empfehlen. Bei Erkrankung an einer Form der Virusgrippe schnellstens einen Arzt einschalten!

Besuch eines Psychotherapeuten: Nicht sinnvoll.

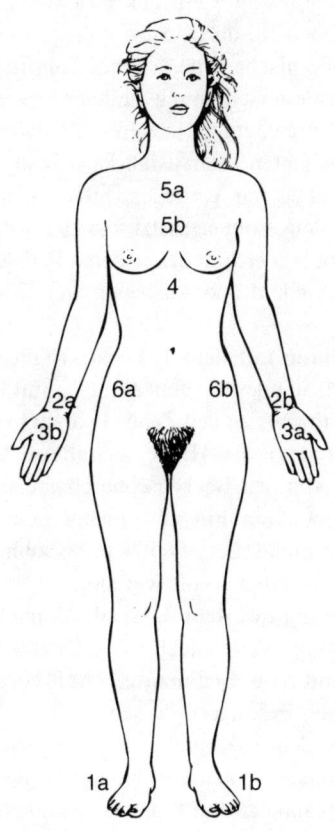

Behandlungspositionen: 1a,b) Fußsohlen, Zehenspitzen bis Fuß-mitte; 2a,b) Handgelenke; 3a,b) Handteller; 4) Solarplexus; 5a,b) Thymusdrüse und Herz; 6a,b) Becken-V.

Haarausfall

Allgemeines: Haarausfall kann auftreten durch Nebenwirkungen von Medikamenten, durch Stoffwechselkrankheiten, Infektionen, starke psychische Überlastung, langfristige Mangelernährung, als Begleiterscheinung anderer Erkrankungen oder durch erbliche Veranlagung (letzteres überwiegend bei Männern). Erblich bedingten Haarausfall kann man wirksam verzögern, aber nach allen mir vorliegenden seriösen Informationen nicht wirklich heilen. Vorausgesetzt, die Haarwurzeln sind noch nicht abgestorben, läßt sich in den anderen Fällen naturheilkundlich einiges tun. Geduld und Ausdauer sind aber in jedem Fall wichtig.

Reikibehandlung mit dem 1. Grad: Täglich die folgenden Positionen jeweils mindestens fünf Minuten mit Reiki versorgen - 1a,b) von der Stirn bis zu den Zähnen parallel zur Nase; 2) den Kopfbereich, in dem die Haare ausfallen; 3) Solarplexus; 4a,b) Becken-V, von den Beckenschaufelknochen die Hände v-förmig zum Schambein hin zusammenlegen; 5a,b) Nieren; 6a) Kreuzbein, 6b) unter dem Steißbein bis zum Damm. Ergänzend auch zwischendurch so oft wie möglich 2) behandeln.

Reikibehandlung mit dem 2. Grad: Mentalbehandlung mit Eingabe. In schweren Fällen auch Reiki für das *Innere Kind*.

Naturheilkundliche Ergänzung: Auf vegetarische Vollwertkost umstellen. Besonders gut sein muß die Versorgung mit den Vitaminen A, dem B-Komplex, C und E sowie mit Mineralstoffen und Spurenelementen und biologisch hochwertigem Eiweiß. Da die Vitamine A und E sowie bestimmte Mineralstoffe bei Überdosierung Probleme verursachen können, mit einem naturheilkundlichen Mediziner bei langfristiger Einnahme zusammenarbeiten. Täglich mindestens zwei Gläser Kanne Brottrunk® mit Fermentgetreide® und einem Eßlöffel Honig nehmen. Nach dem Haarewaschen regelmäßig im Wechsel mit wenig Weizenkeimöl oder Brennesseltee gründlich die Kopfhaut mas-

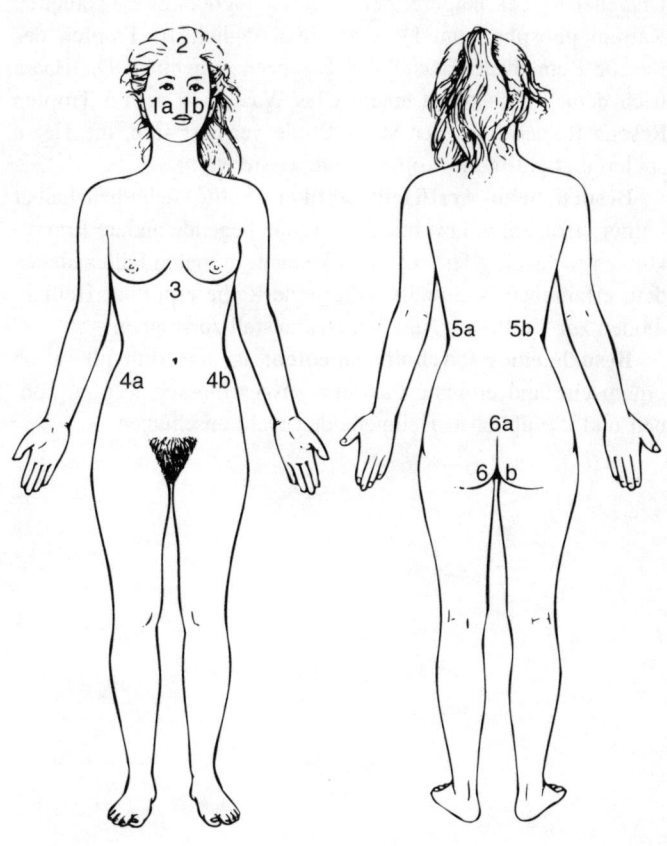

Behandlungspositionen: 1a,b) Stirn bis Zähne, parallel zur Nase; 2) den Kopfbereich, in dem die Haare ausfallen; 3) Solarplexus; 4a,b) Becken-V; 5a,b) Nieren; 6a) Kreuzbein, 6b) unter dem Steißbein bis zum Damm.

sieren. Zwei- bis dreimal pro Woche mit einer halbierten Zwiebel die Kopfhaut gut massieren. Hat der Haarausfall psychische Ursachen: Über längere Zeit dreimal täglich zwei Tabletten Kalium phosphoricum D 6, zweimal täglich 10 Tropfen des Rescue-Remedy der Bachblüten-Essenzen einnehmen. Die Haare nach dem Waschen mit einem Glas Wasser, in dem 5 Tropfen Rescue Remedy aus der Stock Bottle verrührt sind, die Haare spülen und gut in die Kopfhaut einmassieren.

Besuch beim Arzt/Heilpraktiker: Sollte sicherheitshalber immer erfolgen, um eventuell zugrunde liegende andere Erkrankungen rechtzeitig feststellen zu können. In vielen Fällen stehen dem erfahrenen Naturheilkundler eine Reihe erprobter Heilmethoden zur Verfügung, um den Haarausfall zu stoppen.

Besuch eines Psychotherapeuten: Ist nur sinnvoll, wenn organische und erbliche Faktoren ausgeschlossen werden können und die üblichen Heilmethoden nicht anschlagen.

Allgemeines: Sie werden meist durch eine Virusinfektion hervorgerufen, es kann aber ebenfalls eine Reaktion auf trockene Luft, Überanstrengung des Stimmapparates oder eine Verkrampfung im Halsbereich dafür verantwortlich sein. Energetisch zuständig ist das 5. Chakra. Siehe auch unter »Heiserkeit«.

Reikibehandlung mit dem 1. Grad: Folgende Positionen mindestens zwei- bis dreimal täglich jeweils 10 Minuten geben, bis die Erkrankung abklingt - 1a,b) Halsvorderseite, Hände nicht auflegen; 2a) Stirn mit 3. Auge, 2b) Thymusdrüse unter dem Hals; 3a,b) Schlüsselbeine; 4a,b) Fußsohlen von den Zehen bis mindestens zur Fußmitte. Alternativ: 1) und 3) öfter behandeln.

Reikibehandlung mit dem 2. Grad: Mentalbehandlung mit Eingabe. Bei schweren Fällen auch Reiki für das *Innere Kind*.

Naturheilkundliche Ergänzung: Gurgelmittel aus Weizenkleie mit Honig und Wasser. Die Weizenkleie mit reichlich Wasser kurz aufkochen lassen, dann abkühlen auf unter 40 Grad Celsius, den Honig beigeben und etwa eine Stunde bei ca. 35 Grad Celsius ziehen lassen. Mit dem Abguß kann dann, auch verdünnt, gegurgelt werden. Fencheltee trinken und damit gurgeln. Wirksam ist überdies ein Gurgelmittel aus zerquetschtem Knoblauch, der mit heißem Wasser aufgegossen wird. Halswikkel mit feuchter Heilerde oder Weißkohlblättern. Die äußeren Blätter nicht verwenden. Harte Blatteile herauslösen und den Rest mit einer Kuchenrolle planieren, bis die Blätter weich sind und der Saft austritt. Mit Salzwasser gurgeln.

Besuch beim Arzt/Heilpraktiker: Nur in schweren Fällen notwendig oder bei regelmäßig wiederkehrenden Halsschmerzen.

Besuch eines Psychotherapeuten: Nur sinnvoll, wenn keine organischen Ursachen ausfindig zu machen sind und die üblichen Heilmethoden nicht anschlagen.

Halsschmerzen

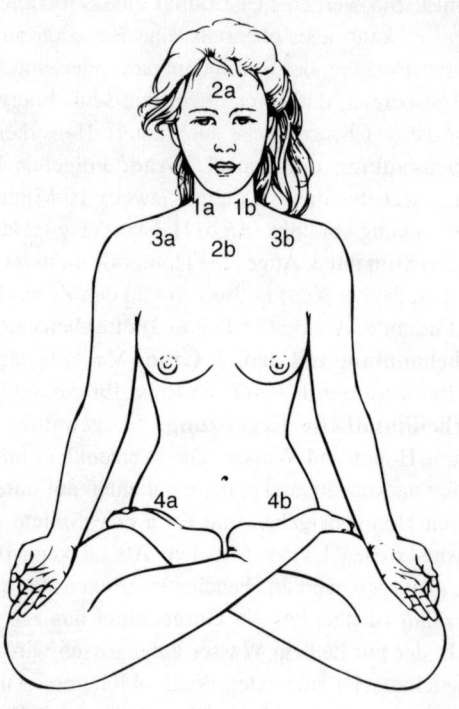

Behandlungspositionen: 1a,b) Halsvorderseite; 2a) Stirn mit 3. Auge, 2b) Thymusdrüse; 3a,b) Schlüsselbeine; 4a,b) Fußsohlen, Zehen bis Fußmitte.

Allgemeines: Hämorrhoiden entstehen unter anderem durch sitzende Lebensweise, mangelnde körperliche Bewegung, falsche Ernährung, häufige Verstopfung, hormonelle Einflüsse im Zusammenhang mit Menstruation oder Schwangerschaft. Auch erblich bedingte Venen- oder Bindegewebsschwäche, Stauungen im Pfortadergebiet, Erkrankungen der Leber. Allgemein oder in bestimmten Bereichen gestörte Zirkulation der Körpersäfte oder krankhafte Erweiterung der Mastdarmvenen können Hämorrhoiden verursachen. Eine psychische Disharmonie gehört ebenfalls grundsätzlich dazu.

Reikibehandlung mit dem 1. Grad: Längere Zeit die folgenden Positionen möglichst täglich jeweils mindestens sechs Minuten behandeln - 1a,b) Kreuzbein, eine Hand direkt oberhalb der Gesäßfalte, die andere darüber; 2a) Kreuzbein oberhalb der Gesäßfalte, 2b) unter dem Steißbein zum Damm hin; 3a,b) auf dem Rücken an der Taille, die Wirbelsäule nicht direkt behandeln; 4) Solarplexus; 5a,b) Fußsohlen von den Zehenspitzen bis zur Fußmitte. Ergänzend öfter besonders 4) und auch den gesamten Bauchbereich mit Reiki versorgen.

Reikibehandlung mit dem 2. Grad: Mentalheilung mit Eingabe. Bei schweren Fällen auch Reiki für das *Innere Kind*.

Naturheilkundliche Ergänzung: Gegen entzündete Hämorrhoiden, wenn nichts anderes zu erreichen ist, helfen zwei Hausmittel sehr gut: Eine nicht zu kleine Knoblauchzehe schälen, mit einem scharfen Messer einige kleine, oberflächliche Schnitte anbringen und als Zäpfchen verwenden. Oder frische Ingwerwurzel zäpfchenmäßig zuschneiden und als solches gebrauchen. Beides sollte nur eine Notlösung sein, weil der längere Gebrauch zu Hautreizungen führen kann. Bei Knoblauch im allgemeinen schneller, bei Ingwer langsamer. Für langfristigen Gebrauch sind Hamamelis- und Ringelblumen-Salbe oder Honig gut geeignet. Auf regelmäßigen Stuhlgang achten, deswegen auch unter »Ver-

Hämorrhoiden

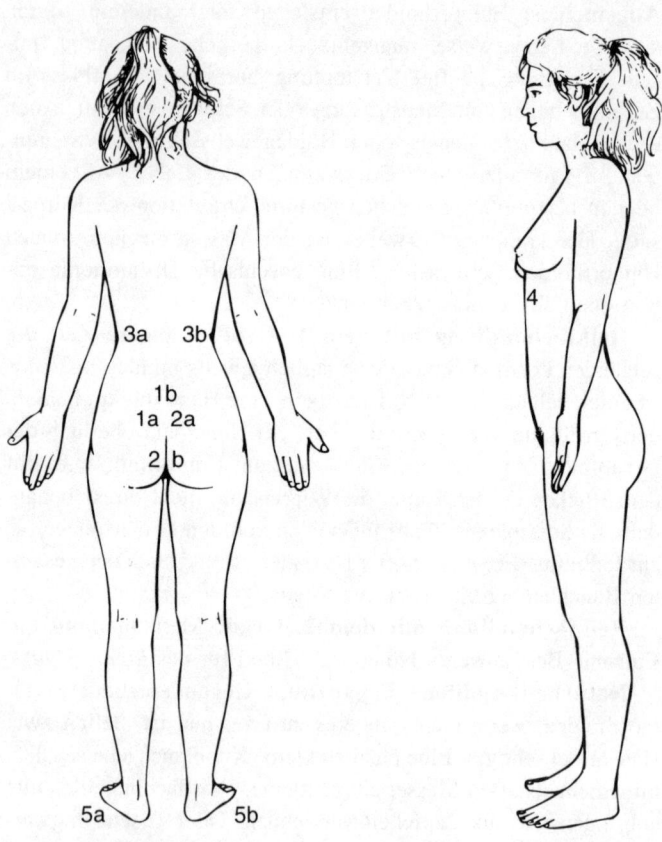

Behandlungspositionen: 1a,b) Kreuzbein, eine Hand oberhalb der Gesäßfalte, die andere darüber; 2a) Kreuzbein oberhalb der Gesäßfalte, 2b) unter dem Steißbein zum Damm hin; 3a,b) Rücken rechts und links der Wirbelsäule in Taillenhöhe; 4) Solarplexus; 5a,b) Fußsohlen, Zehenspitzen bis Fußmitte.

stopfung« nachschauen. Alkohol, Rauchen, Kaffee, scharfe Gewürze zumindest stark einschränken oder am besten ganz bis zur nachhaltigen Ausheilung weglassen. Vegetarische, ballaststoffreiche Vollwerternährung ist sehr sinnvoll. Regelmäßige Bewegung hilft, Leistungssport nicht. Zu jeder Mahlzeit mindestens eine Tomate, pro Tag mindestens eine fein gewiegte rohe Knoblauchzehe essen und zwei bis drei Gläser Kanne Brottrunk® trinken.

Homöopathisch: Einmal täglich eine Tablette Calcium fluoratum D 12 eine Tablette und zweimal täglich zwei Tabletten Silicea D 6 zwei Tabletten für lange Zeit zur Kräftigung von Bindegewebe und Gefäßen sowie eine Tablette Magnesium phosphoricum D 12 zur Harmonisierung des psychischen Gleichgewichts etwa 15 Minuten vor dem Essen im Munde zergehen lassen.

Besuch beim Arzt/Heilpraktiker: Sollte zur Sicherheit immer erfolgen, um möglicherweise vorhandene ernstere Erkrankungen im Darmbereich abklären zu können. Chirurgische Entfernung ist nur selten sinnvoll und rein symptomatisch. Ein erfahrener Naturheilkundler kann und sollte die tieferen Ursachen feststellen, sowie in schwierigen Fällen bei der Heilung helfen.

Besuch eines Psychotherapeuten: Nur bei hartnäckigen Fällen als unterstützende Maßnahme sinnvoll.

Heiserkeit

Allgemeines: Heiserkeit kann verhältnismäßig harmlose Ursachen haben wie: Überanstrengung des Stimmapparates, Mißbrauch von Nikotin und Alkohol, Erkältungskrankheiten und grippale Infekte, chronischer Bronchialkatarrh oder Verspannungen im Halsbereich; sie kann aber auch, vor allem im chronischen Fall, Symptom einer ernsteren Erkrankung sein.

Reikibehandlung mit dem 1. Grad: Die folgenden Positionen mehrmals täglich mindestens je 10 Minuten geben, bis die Erkrankung abgeklungen ist - 1a,b) Halsvorderseite, dabei die Hände nicht auflegen; 2a,b) Schlüsselbeine; 3) Solarplexus.

Reikibehandlung mit dem 2. Grad: Bei heftigen Anfällen und chronischen Erkrankungen Mentalbehandlung mit Eingabe.

Naturheilkundliche Ergänzung: Frischen Zwiebelsaft mit Honig vermischt mehrmals täglich nehmen. Mit einer Apfelessig-Honigwassermischung oder Ingwertee gurgeln. Überlege Dir mal, ob das, was Du sagst, auch wirklich etwas wiedergibt, zu dem Du stehen kannst. Oder macht es Dir Angst, bist Du unsicher dabei, verkrampfst Du Dich, oder lügst Du Dir etwas vor?

Besuch beim Arzt/Heilpraktiker: Bei schweren und chronischen Fällen unbedingt zum Arzt, um eine genaue Diagnose stellen zu lassen und etwa vorhandene ernste Erkrankungen rechtzeitig behandeln zu können.

Besuch eines Psychotherapeuten: Nur sinnvoll, wenn keine organischen Ursachen festzustellen sind und die üblichen Heilmethoden nicht anschlagen.

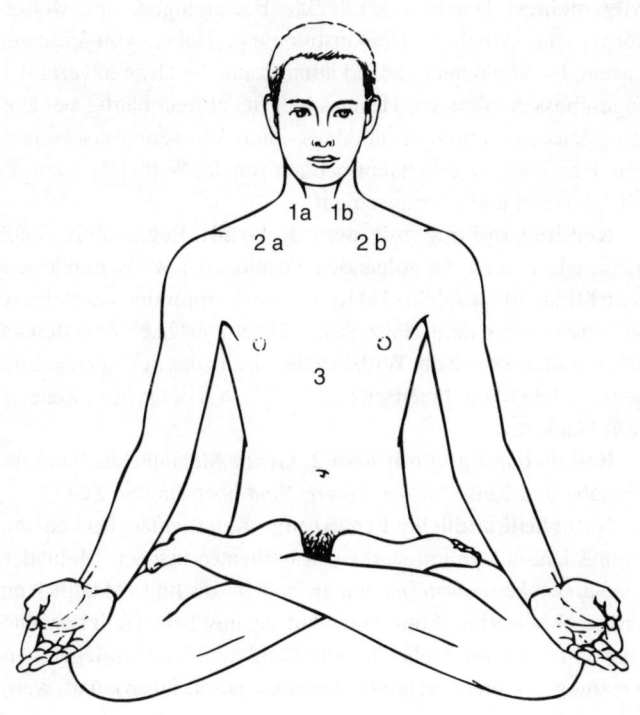

Behandlungspositionen: Die folgenden Positionen mehrmals täglich mindestens je 10 Minuten geben, bis die Erkrankung abgeklungen ist - 1a,b) Halsvorderseite, dabei die Hände nicht auflegen; 2a,b) Schlüsselbeine; 3) Solarplexus.

Hexenschuß/Lumbago

Allgemeines: Durch ungeschickte Bewegungen, ungewohnte körperliche Arbeiten, Überanstrengung, Heben von größeren Lasten, Durchnässung und Erkältung kann die Hexe unvermittelt angeschossen kommen. Hexenschuß findet man häufig bei älteren Menschen durch Ermüdungs- und Abnutzungserscheinungen. Der Schmerz geht hauptsächlich von der Wirbelsäule aus. Er tritt plötzlich und dramatisch auf.

Reikibehandlung mit dem 1. Grad: Regelmäßig, auch mehrmals täglich die folgenden Positionen jeweils mindestens zehn Minuten behandeln - 1a) Kreuzbein, 1b) prominenter Halswirbel direkt unter dem Halsansatz. Außerdem 2a,b) den Bereich rechts und links von der Wirbelsäule, in dem das Schmerzzentrum liegt, und 3a,b) die Innenseiten der Füße von der großen Zehe bis zum Hacken.

Reikibehandlung mit dem 2. Grad: Mentalbehandlung mit Eingabe und Reiki für das *Innere Kind* über längere Zeit.

Naturheilkundliche Ergänzung: Kamillentee trinken und warme Umschläge mit starkem Kamillentee machen. Holunderbeersaft trinken, warm (nicht heiß !), drei - bis fünfmal täglich ein halbes Wasserglas. Einreibung mit japanischem Heilpflanzenöl oder Chinabalsam. Mehrschichtig Weißkohlblätter auflegen (Anwendung ist unter »Halsschmerzen« beschrieben) und warm halten. Etwa alle zwei Stunden wechseln. Einreibungen mit Brennesselspiritus. Feldenkraisübungen erlernen.

Besuch beim Arzt/Heilpraktiker: Ein erfahrener Naturheilkundler sollte unbedingt aufgesucht werden, um durch eine genaue Diagnose versteckte, schwerere Erkrankungen ausschließen zu können und um bei hartnäckigen Fällen wirksame Therapiemaßnahmen einleiten zu können.

Besuch eines Psychotherapeuten: Im allgemeinen nicht sinnvoll.

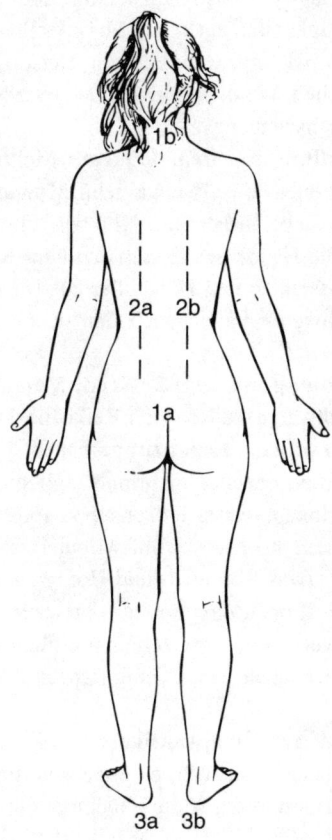

Behandlungspositionen: 1a) Kreuzbein, 1b) prominenter Halswirbel direkt unter dem Halsansatz; 2a,b) den Bereich rechts und links von der Wirbelsäule, in dem das Schmerzzentrum liegt; 3a,b) die Innenseiten der Füße von der großen Zehe bis zum Hacken.

Husten

Allgemeines: Husten kann eigenständig, aber auch in Begleitung anderer Krankheiten auftreten. Meist stellen sich zusätzliche Erkältungssymptome ein, wie Halsweh, Heiserkeit, Grippe, Fieber und dergleichen. Wenn das der Fall ist, bitte auch unter diesen Stichworten nachschauen.

Reikibehandlung mit dem 1. Grad: Mehrmals täglich die folgenden Positionen jeweils etwa zehn Minuten geben - 1a,b) Schlüsselbeine; 2a,b) Brustmitte. Nur bei schweren Fällen zusätzlich: 3a,b) die Hände des Erkrankten über Kreuz (weil es so einfacher ist) fassen, so daß Handteller auf Handteller zu liegen kommt. Bei schweren Fällen auch den oberen Rücken behandeln.

Reikibehandlung mit dem 2. Grad: Mentalbehandlung mit Eingabe. Bei schweren Fällen auch Reiki für das *Innere Kind*.

Naturheilkundliche Ergänzung: Einen Tee, zu gleichen Teilen aus Anis und Fenchel, mehrmals täglich lauwarm und mit etwas Honig trinken. Haferflockensuppe mit Wasser kochen. Achtung: Kochzeit höchstens fünf Minuten. Abkühlen lassen; wenn lauwarm, etwas Rohmilch und Honig zugeben. Mehrmals täglich kleine Portionen davon essen. Frischen Zwiebelsaft mit Honig eßlöffelweise fünf- bis zehnmal täglich einnehmen. Mit Chinabalsam oder japanischem Heilpflanzenöl die Brust einreiben.

Besuch beim Arzt/Heilpraktiker: Ist der Husten nach spätestens einer Woche nicht weg, ist er sehr heftig oder wird zum Beispiel Blut ausgeworfen, sollte unbedingt ein Arzt aufgesucht werden.

Besuch eines Psychotherapeuten: Im allgemeinen nicht sinnvoll.

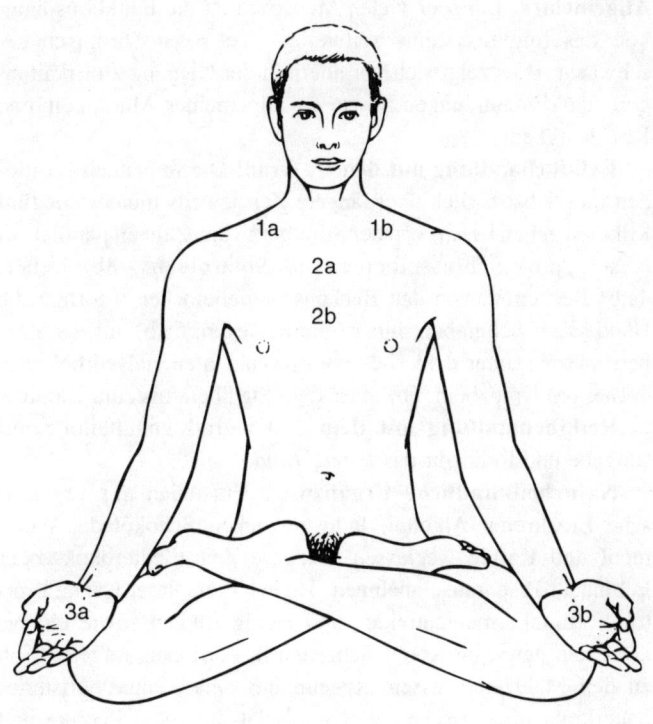

Behandlungspositionen: 1a,b) Schlüsselbeine; 2a,b) Brustmitte; 3a,b) Handteller.

Immunschwäche (nicht AIDS!)

Allgemeines: Bei sehr vielen Menschen ist die Funktionsfähigkeit des Immunsystems zeitweilig oder sogar chronisch geschwächt. Dies zeigt sich vor allem in der Neigung zu Erkältungen und Entzündungen sowie in allgemeiner Mattigkeit und Kraftlosigkeit.

Reikibehandlung mit dem 1. Grad: Die folgenden Positionen möglichst täglich über längere Zeit jeweils mindestens fünf Minuten geben - 1a,b) von der Stirn bis zu den Zähnen parallel zur Nase; 2a,b) Schlüsselbeine; 3a) Solarplexus, 3b) Leber; 4a,b) Becken-V, von den Beckenschaufelknochen v-förmig die Hände zum Schambein hin zusammenlegen; 5a,b) auf der Körperrückseite unter dem Hals vom prominenten Halswirbel nach vorne; 6a) Kreuzbein, 6b) unter dem Steißbein bis zum Damm.

Reikibehandlung mit dem 2. Grad: Mentalheilung mit Eingabe und Reiki für das *Innere Kind*.

Naturheilkundliche Ergänzung: Umstellen auf vegetarische Ernährung. Alkohol, Industriezucker, Schokolade, Weißmehl und Kaffee weglassen. Längere Zeit Eleuterokok- oder Echinacin-Präparate einnehmen. Täglich drei Gläser Kanne Brottrunk® mit Fermentgetreide® und Honig trinken sowie ein bis zwei fein gewiegte Knoblauchzehen in Portionen aufgeteilt roh zu den Mahlzeiten essen. Regelmäßig rohes, unpasteurisiertes Sauerkraut oder frischen Weißkohlsalat mit roten Paprika und Zwiebeln in kleinen Portionen über den Tag verteilt essen.

Besuch beim Arzt/Heilpraktiker: Ein Naturheilkundler sollte bei hartnäckigen Fällen unbedingt aufgesucht werden!

Besuch eines Psychotherapeuten: Nur sinnvoll, wenn keine organischen Ursachen zu ermitteln sind und die üblichen Heilmethoden wenig Wirkung zeigen.

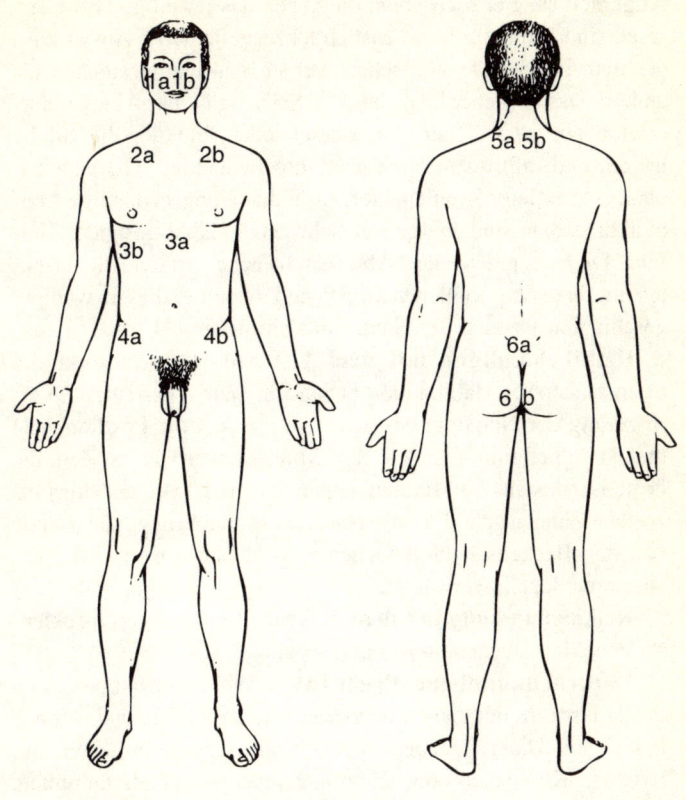

Behandlungspositionen: 1a,b) Stirn bis Zähne, parallel zur Nase; 2a,b) Schlüsselbeine; 3a) Solarplexus, 3b) Leber; 4a,b) Becken-V; 5a,b) unter dem Hals vom prominenten Halswirbel nach vorne; 6a) Kreuzbein, 6b) unter dem Steißbein bis zum Damm.

Insektenstiche

Allgemeines: Bei Menschen, die gegen das jeweilige Gift allergisch sind, kann ein Insektenstich lebensgefährliche Auswirkungen haben. Manche Menschen werden häufiger gestochen als andere. Das ist sicher kein Zufall ... Schau auf einer Akupunkturtafel nach, an welchen Meridianen oder Punkten die Stiche liegen, und informiere Dich über ihre Bedeutung. Oft geht Dir dann ein mittlerer Kronleuchter auf. Behandlungsbedürftige Akupunkturpunkte sind energetisch schwächer als ihr gesundes Umfeld. Diese energetische "Abwehrschwäche" spüren die Insekten mit ihren empfindlichen Sinnen und fliegen zu diesem weniger geschützten Bereich der Haut, um sich niederzulassen.

Reikibehandlung mit dem 1. Grad: Sofort direkt die Stichstelle ohne Hautkontakt behandeln. Zur langfristigen Verringerung der Neigung, gestochen zu werden, die Positionen 1) und 3) täglich mindestens je fünf Minuten über längere Zeit, die dritte mindestens 10 Minuten anwenden - 1a,b) von der Stirn bis zu den Zähnen, parallel zur Nase; 2a,b) Becken-V, die Hände von den Beckenschaufelknochen zum Schambein hin v-förmig zusammenlegen; 3) Solarplexus.

Reikibehandlung mit dem 2. Grad: Bei häufigen Insektenstichen Mentalbehandlung mit Eingabe.

Naturheilkundliche Ergänzung: Wenn vorhanden, den Stachel sofort mit dem Fingernagel herausziehen und Wunde aussaugen. Dann Zwiebel- oder Zitronenscheibe auflegen, mit frischem Knoblauch oder leicht angefeuchtetcm Salz einreiben. Olivenöl, Zahncreme oder feuchte Heilerde tun es auch.

Besuch beim Arzt/Heilpraktiker: Bei allergischen Reaktionen, Atemnot, Hornissen- oder Stichen in der Nähe von Nervenzentren, größeren Blutgefäßen oder im Bereich der Atemwege und Ohren unbedingt sofort zum Arzt!

Besuch eines Psychotherapeuten: Nicht sinnvoll.

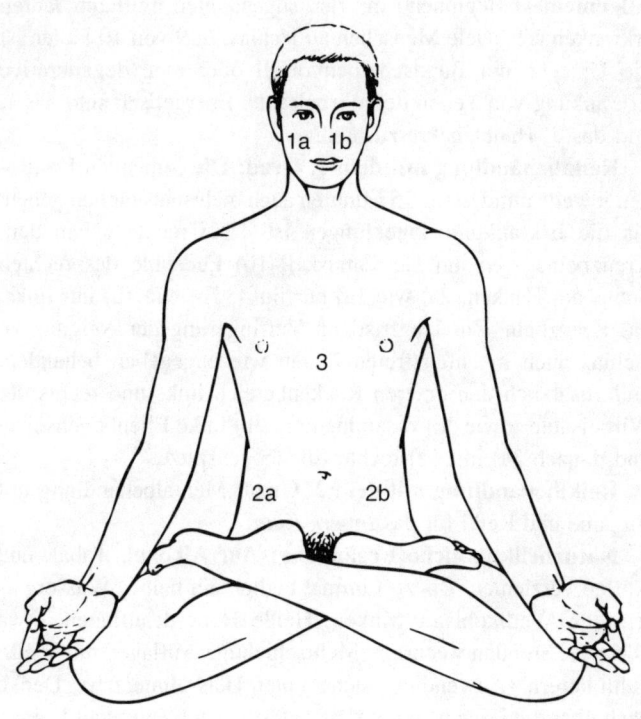

Behandlungspositionen: 1a,b) Stirn bis Zähne, parallel zur Nase; 2a,b) Becken-V; 3) Solarplexus.

Ischias

Allgemeines: Beginnend mit den sogenannten mittleren Jahren erkranken sehr viele Menschen an Ischias. In 9 von 10 Fällen ist die Ursache ein Bandscheibenvorfall oder eine degenerative Erkrankung von Teilen der Wirbelsäule. Energetisch sind das 1. und das 2. Hauptchakra zuständig.

Reikibehandlung mit dem 1. Grad: Die folgenden Positionen jeweils mindestens 15 Minuten auch mehrmals täglich geben, bis die Erkrankung abgeklungen ist - 1a) rechts neben dem Kreuzbein, oben am Gesäßmuskel, 1b) Fußsohle des rechten Fußes am Hacken; 2a) wie 1a) nur links; 2b) wie 1b) nur links; 3a) Kreuzbein. Zur langfristigen Verringerung der Neigung zu Ischias auch in anfallsfreien Zeiten wie angegeben behandeln und zusätzlich den unteren Rückenbereich links und rechts der Wirbelsäule sowie 3a) zusammen mit 3b) linke Ellenbogenspitze und danach 3a) mit 3c) rechte Ellenbogenspitze.

Reikibehandlung mit dem 2. Grad: Mentalbehandlung mit Eingabe und Reiki für das *Innere Kind*.

Naturheilkundliche Ergänzung: Auf Alkohol, Tabak und Kaffee verzichten. Bis zu fünfmal täglich ein halbes Wasserglas frischen Weißkohlsaft trinken. Heiße Heilerdeauflagen, etwa alle zwei Stunden wechseln. Mehrschichtige Auflagen mit Weißkohlblättern (Anwendung siehe unter Halsschmerzen). Denke nach über die Fragen: Warum möchtest Du zur Zeit nicht Deinen Weg gehen können? Wovor hast Du dabei Angst? Was macht Dich zur Zeit wütend, ohne daß Du es auslebst? Feldenkraisübungen erlernen.

Besuch beim Arzt/Heilpraktiker: Sollte unbedingt erfolgen, weil sich hinter dieser Symptomatik auch andere schwere Krankheiten verbergen können.

Besuch eines Psychotherapeuten: Im allgemeinen nicht sinnvoll.

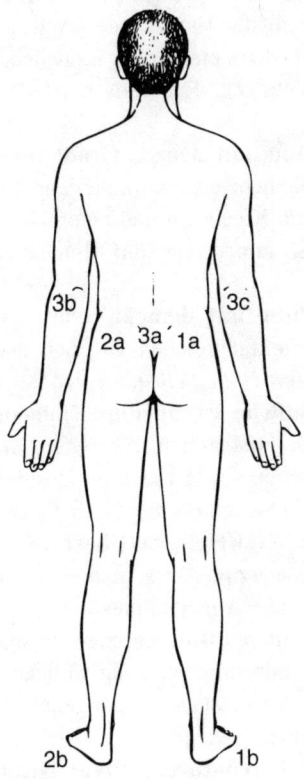

Behandlungspositionen: 1a) rechts neben dem Kreuzbein, oben am Gesäßmuskel, 1b) Fußsohle des rechten Fußes am Hacken; 2a) wie 1a) nur links; 2b) wie 1b) nur links; 3a) Kreuzbein, 3b) linke Ellenbogenspitze; 3c) rechte Ellenbogenspitze.

Knochenbrüche

Allgemeines: Die Behandlung von Knochenbrüchen gehört selbstverständlich in die Hände eines Arztes. Doch ergänzend vermag die Hausmedizin einiges zur schnellen, komplikationslosen Heilung beizutragen. Energetisch ist das 1. Hauptchakra zuständig.

Reikibehandlung mit dem 1. Grad: Direkt an der Bruchstelle mehrmals täglich jeweils mindestens 15 Minuten behandeln. Zusätzlich am Kreuzbein und unterhalb des Steißbeins bis zum Damm jeweils mindestens fünf Minuten Reiki geben. Öfter bringt mehr!

Reikibehandlung mit dem 2. Grad: Mentalheilung mit Eingabe und bei umfangreichen Brüchen auch Reiki für das *Innere Kind* und das *Hohe Selbst*.

Naturheilkundliche Ergänzung: Homöopathische Mittel: Symphytum D 2 dreimal täglich 15 Tropfen; Arnica D 6 zweimal täglich zwei Tabletten sowie Calcium phosphoricum D 6 zweimal täglich zwei Tabletten bis zur Ausheilung.

Besuch beim Arzt/Heilpraktiker: Der Betroffene muß unbedingt schnellstens zum Arzt! Am besten zu einem Sport- oder Unfallarzt, da manche Allgemeinmediziner bei Röntgenaufnahmen von komplizierteren Brüchen, zum Beispiel im Hand- oder Fußbereich, nicht unbedingt voll durchblicken. Bei vermeintlichen Prellungen oder Verstauchungen genau abklären lassen, ob nicht doch ein Bruch vorliegt.

Besuch eines Psychotherapeuten: Nicht sinnvoll, außer bei ausgeprägter Verletzungsneigung.

Kopfschmerzen

Allgemeines: Kopfschmerzen können ein *Symptom* für Störungen verschiedenster Art sein wie: körperliche und seelische Überlastungen, Wettereinflüsse, Klimawechsel, Schlafentzug, Genußmittelmißbrauch, heftige Gefühlswallungen, Streß, Kopfverletzungen, Verlagerungen der Halswirbelsäule, subakute oder chronische Entzündungen im Kopf- und Halsbereich sowie Chemikalien- oder Nahrungsmittelvergiftung. Siehe auch unter »Migräne« und »Entgiftung«.

Reikibehandlung mit dem 1. Grad: Die folgenden Positionen ausprobieren und nur die wirksamen weiterhin bei dem Betroffenen bis zum Verschwinden der Symptome verwenden. Kopfschmerzen können sehr unterschiedliche Ursachen haben und werden deshalb auch unterschiedlich behandelt. Die wirksamen Position auch mehrmals täglich jeweils mindestens zehn Minuten geben - 1a,b) Schläfen oder dort, wo es weh tut; 2a,b) Fußsohlen von den Zehenspitzen bis zur Fußmitte (energetischer Stau im Kopfbereich); 3a,b) Halsansatz, Nacken und Schultern (Muskelverspannungen); 4) Kreuzbein und danach 5a,b) Becken-V, die Hände v-förmig von den Beckenschaufelknochen bis zum Schambein zusammenlegen (Disharmonie im Beckenbereich, 1. und 2. Chakra) ; 6a) Solarplexus, 6b) Leber (Magenverstimmung/Verdauungsstörung). Bei einseitigem Kopfschmerz, der auf die anderen Positionen nicht anspricht; 7a) das gleichseitige Handgelenk und 7b) die Mitte des Unterarms mit jeweils einer Hand behandeln, dann 8a) die Hand so fassen, daß Handteller auf Handteller liegt und mit der anderen Hand 8b) den Oberarm am Übergang zur Schulter behandeln.

Reikibehandlung mit dem 2. Grad: Mentalbehandlung mit Eingabe. Bei schweren Fällen auch zur langfristigen Harmonisierung Reiki für das *Innere Kind*.

Naturheilkundliche Ergänzung: Drei- bis viermal täglich Kanne Brottrunk® trinken. Fußbad mit starkem, heißem Ingwer-

Kopfschmerzen

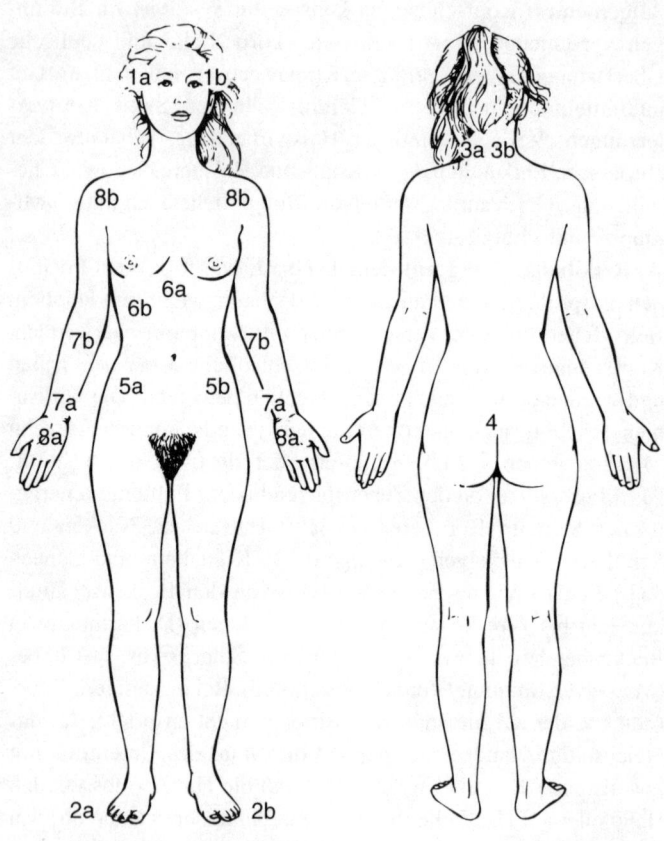

Behandlungspositionen: 1a,b) Schläfen (bzw. dort, wo es weh tut; 2a,b) Fußsohlen, Zehenspitzen bis Fußmitte; 3a,b) Halsansatz, Nakken und Schultern; 4) Kreuzbein; 5a,b) Becken-V; 6a) Solarplexus, 6b) Leber; 7a) Handgelenk, 7b) Mitte des Unterarms; 8a) Handteller, 8b) Oberarm am Schultergelenk.

tee, bis die Kopfschmerzen weitgehend nachgelassen haben oder ganz verschwunden sind. Nicht zu kalten Quark in ein Geschirrtuch einschlagen und auf Stirn und Schläfen auflegen.

Besuch beim Arzt/Heilpraktiker: Wenn Kopfschmerzen immer wieder auftreten oder längere Zeit anhalten, sollten unbedingt ein Naturheilkundler, ein Neurologe, ein Wirbelsäulenspezialist und ein Feldenkraistherapeut aufgesucht werden, um eine genaue Diagnose zu stellen und therapeutische Maßnahmen einzuleiten.

Besuch eines Psychotherapeuten: Sind keine organischen Ursachen zu ermitteln und schlagen die üblichen Heilmethoden nicht an, ist es sinnvoll, eine psychotherapeutische Behandlung in Anspruch zu nehmen.

Magenreizung

Allgemeines: Magenreizungen entstehen aus akuten Anlässen wie Genußmittelmißbrauch, werden aber auch durch Arzneimittel und Lebensmittelvergiftung oder -unverträglichkeit hervorgerufen. Kommt es häufig zu Magenreizungen, können diese auch auf psychische Überlastungen, Ängste, Unsicherheit, Kummer, Überforderung oder organische Erkrankungen hinweisen. Energetisch ist das 3. Chakra zuständig.

Reikibehandlung mit dem 1. Grad: Den Magenbereich mehrmals täglich mindestens je 15 Minuten und zusätzlich den gesamten Bauchraum behandeln, in schweren Fällen zusätzlich den Mittelteil der Fußsohle beider Füße und den Hinterkopf.

Reikibehandlung mit dem 2. Grad: Mentalbehandlung mit Eingabe, bei chronischen Fällen auch Reiki für das *Innere Kind*.

Naturheilkundliche Ergänzung: Siliceabalsam ist in Reformhäusern und Apotheken erhältlich und *das* Mittel gegen Magenreizungen. Der Balsam wirkt medizinisch und symptomatisch gleichermaßen gut. Bei akuten und chronischen Fällen ist frisch gepreßter Weißkohlsaft mit etwas fein gewiegtem Dill oder gemahlenem Kümmel ebenfalls ausgezeichnet. Auch Heilerde »ultra« hilft sehr. Wenn Du nichts dergleichen im Hause hast, tut auch schwarzer Tee ohne alle Zusätze seinen Dienst. Wer während der Heilung nicht fasten will (durchaus empfehlenswert), kann mit frisch zubereitetem Kartoffelbrei in verschiedenen Variationen nicht nur den Magen schonen, sondern überdies zur Heilung beitragen.

Besuch beim Arzt/Heilpraktiker: Bei schwereren akuten und bei chronischen Fällen unbedingt zum erfahrenen Naturheilkundler, damit eine genaue Diagnose gestellt und - wenn nötig - eine entsprechende Therapie eingeleitet werden kann.

Besuch eines Psychotherapeuten: In hartnäckigen Fällen sinnvoll.

Allgemeines: Sensible, geistig flexible und leistungsbewußte Menschen, die objektiv oder subjektiv unter Dauerstreß stehen und denen die Fähigkeit fehlt, sich freie Zeit zur Erholung und Entspannung zu gönnen, bekommen oft Migräne. Auslösende, aber nicht ursächliche Faktoren können Wetterumschwünge, Fön und dergleichen sein. Meist besteht eine erbliche Veranlagung.

Reikibehandlung mit dem 1. Grad: Die folgenden Positionen mehrmals täglich jeweils mindestens sechs Minuten geben und über längere Zeit wiederholen. Die Behandlung sollte sofort bei den ersten Anzeichen eines Migräneanfalls beginnen. 1) Solarplexus; 2a,b)Schläfen; 3a,b) von den Schläfen oberhalb der Ohren die Hände nach schräg oben ausgerichtet legen; 4a, b) Becken-V, die Hände von den Beckenschaufelknochen v-förmig zum Schambein hin legen; 5a,b) die Fußsohlen von den Zehenspitzen bis mindestens zur Fußmitte behandeln. Außerdem beide Ohrläppchen öfter massieren, bis sie gut durchblutet sind und dann einige Minuten mit Daumen, Zeige- und Mittelfinger halten. Die Innenseiten der großen Zehen, gegenüber dem nächsten Zeh, massieren und dann mit soviel Fingern, wie darauf passen, bedecken und einige Minuten halten. Um die Neigung zu Migräne zu verringern, längere Zeit täglich mindestens je 10 Minuten Positionen 1), 4a,b) und 5a,b) geben.

Reikibehandlung mit dem 2. Grad: Mentalbehandlung mit Eingabe; zur langfristigen Umstellung auf eine harmonischere Lebensführung Reiki für das *Innere Kind* und das *Hohe Selbst*.

Naturheilkundliche Ergänzung: Ein etwa zeigefingerlanges Stück Meerrettichwurzel raspeln und mit einem Liter Rotwein kurz aufwallen lassen. Dann bei kleiner Flamme und zugedecktem Kochtopf eine Stunde ziehen lassen. Von diesem Trunk einmal pro Stunde ein bis zwei Teelöffel einnehmen, bis die Migräne nachläßt.

Migräne

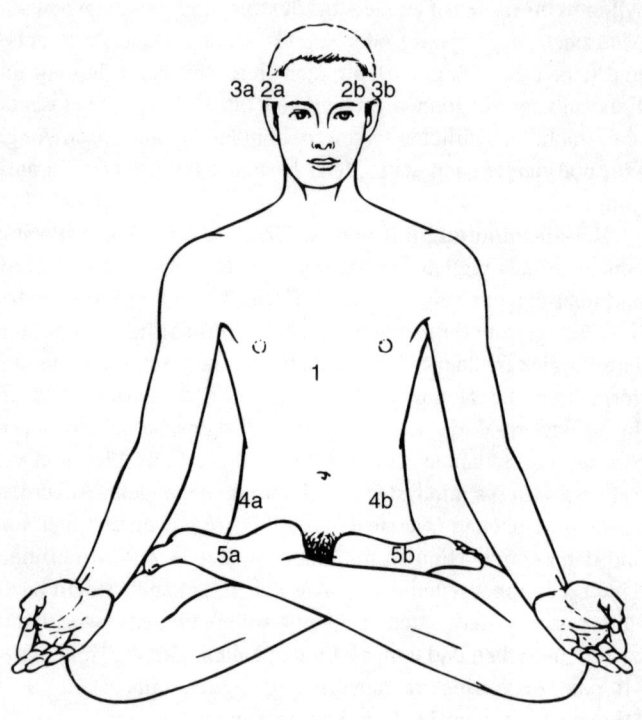

Behandlungspositionen: 1) Solarplexus; 2a,b) Schläfen; 3a,b) von den Schläfen oberhalb der Ohren schräg nach oben; 4a, b) Becken-V; 5a,b) Fußsohlen, Zehenspitzen bis Fußmitte.

Achtung: Von Nierenkranken darf der Meerrettichwein nur nach Absprache mit dem behandelnden Arzt genossen werden! Mehrschichtige Weißkohlumschläge (Anwendung siehe unter Halsschmerzen) auf Stirn und Schläfen. Regelmäßig Melissentee mit Honig - auch in symptomfreier Zeit - trinken. Mit einigen Tropfen reinem Lavendelöl möglichst hoher Qualität die Schläfen, die Stirn und den Magenbereich einreiben. Ein Lavendelduftsäckchen unter das Kopfkissen legen. Lerne, Dir Entspannung und »Abschalten« zu gestatten.*

Besuch beim Arzt/Heilpraktiker: Ein erfahrener Naturheilkundler sollte unbedingt eine genaue Diagnose bei öfter auftauchender Migräne stellen und, wenn erforderlich, passende therapeutische Maßnahmen einleiten.

Besuch eines Psychotherapeuten: Eine Psychotherapie ist durchaus sinnvoll, wenn keine organischen Ursachen erkennbar sind und die üblichen Heilmethoden keine befriedigenden Erfolge bringen.

---

* Eine umfassende Aufarbeitung dieses Themas aus spiritueller Sicht findest Du im 3. Kapitel meines Buches »Das Tao des Geldes«, Windpferd Verlag.

Müdigkeit, chronische

Allgemeines: Viele Menschen leiden heute unter chronischer Müdigkeit. Dies kann ganz verschiedene Gründe haben. Siehe auch unter »Entgiftung«.

Reikibehandlung mit dem 1. Grad: Die folgenden Positionen täglich über längere Zeit jeweils mindestens fünf Minuten geben - 1a) Solarplexus, 1b) Leber; 2a,b) Becken-V, die Hände von den Beckenschaufelknochen v-förmig zum Schambein hin legen; 3a,b) Schlüsselbeine; 4a) Kreuzbein, 4b) unter dem Steißbein bis zum Damm; 5a,b) Nieren; 6a,b) unter dem Halsansatz vom prominenten Halswirbel beiderseits nach vorne; 7a,b) Fußsohlen von den Zehenspitzen bis mindestens zur Fußmitte.

Reikibehandlung mit dem 2. Grad: Mentalbehandlung mit Eingabe und Reiki für das *Innere Kind*.

Naturheilkundliche Ergänzung: Längere Zeit vegetarisch leben und auf Alkohol, Schwarztee und Schokolade verzichten. Täglich zwei- bis dreimal Original Schwedentrunk von Infirmarius Rovit, ein großes Glas Kanne Brottrunk® mit Fermentgetreide® trinken und einen möglichst frischen Kopfsalat mit Apfelessig, Weizenkeimöl, Alfalfa-Keimen und einer Knoblauchzehe angemacht essen. Täglich frisch gepreßten Karottensaft mit etwas Weizenkeimöl und Zitronensaft trinken. Regelmäßig an der frischen Luft bewegen, laufen oder spazierengehen.

Besuch beim Arzt/Heilpraktiker: Unbedingt einen erfahrenen Naturheilkundler aufsuchen und eine genaue Diagnose stellen lassen, um eine mögliche verdeckte ernste Krankheit rechtzeitig behandeln zu können.

Besuch eines Psychotherapeuten: Sinnvoll, wenn keine organischen Ursachen festgestellt werden können.

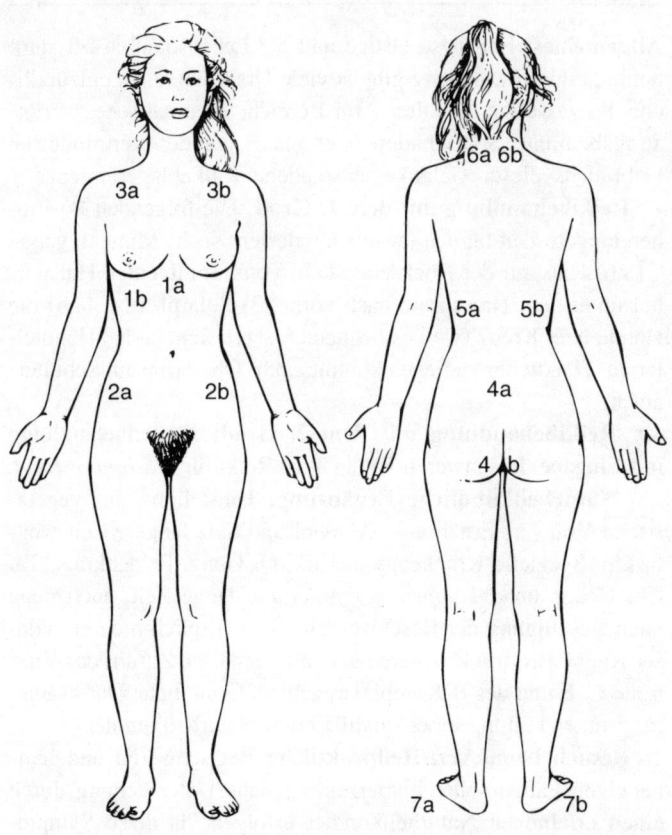

Behandlungspositionen: 1a) Solarplexus, 1b) Leber; 2a,b) Bekken-V; 3a,b) Schlüsselbeine; 4a) Kreuzbein, 4b) unter dem Steißbein bis zum Damm; 5a,b) Nieren; 6a,b) unter dem Halsansatz vom prominenten Halswirbel beiderseits nach vorne; 7a,b) Fußsohlen, Zehenspitzen bis Fußmitte.

115

Nackenverspannungen
Schulter-Arm-Syndrom

Allgemeines: Für diese lästige und die Lebensqualität oft stark behindernde Erkrankung gibt es viele Ursachen, z.B.: entzündliche Prozesse im Schulter-Arm-Bereich, rheumatische, verletzungsbedingte Spätschäden oder als Folge des verminderten Gebrauchs dieser Gelenke entstandene Kalkablagerungen.

Reikibehandlung mit dem 1. Grad: Die folgenden Positionen längere Zeit täglich jeweils mindestens sechs Minuten geben - 1a,b) Hals auf der Rückseite; 2a,b) vom prominenten Halswirbel unter dem Halsansatz nach vorne; 3) Solarplexus; 4a,b) die Hände über Kreuz (weil es bequemer ist) so fassen, daß Handteller auf Handteller zu liegen kommt; 5a,b) Oberarme am Schulteransatz.

Reikibehandlung mit dem 2. Grad: Mentalbehandlung mit Eingabe. In schweren Fällen auch Reiki für das *Innere Kind*.

Naturheilkundliche Ergänzung: Umstellung auf vegetarische Vollwert-Ernährung. Alkohol und Salz längere Zeit weglassen. Spezielle Krankengymnastik, Qi Gong, Feldenkrais, Tai Chi Chuan unter *kompetenter Anleitung* lange Zeit, auch noch nach Beseitigung der Beschwerden, üben. Täglich mehrere Gläser Kanne Brottrunk® trinken und auf verstärkte Zufuhr der Vitamine C, E und des B-Komplexes achten. Gründliche Darmsanierung unter Leitung eines qualifizierten Naturheilkundlers.

Besuch beim Arzt/Heilpraktiker: Bei schweren und hartnäckigen Fällen sollte immer eine genaue Untersuchung durch einen erfahrenen Naturheilkundler erfolgen, da diese Symptomatik auch im Zusammenhang mit anderen schweren Erkrankungen auftreten kann. Wenn nötig, sollte eine durch ihn erstellte Therapie angewendet werden.

Besuch eines Psychotherapeuten: In hartnäckigen Fällen sinnvoll.

Nackenverspannungen
Schulter-Arm-Syndrom

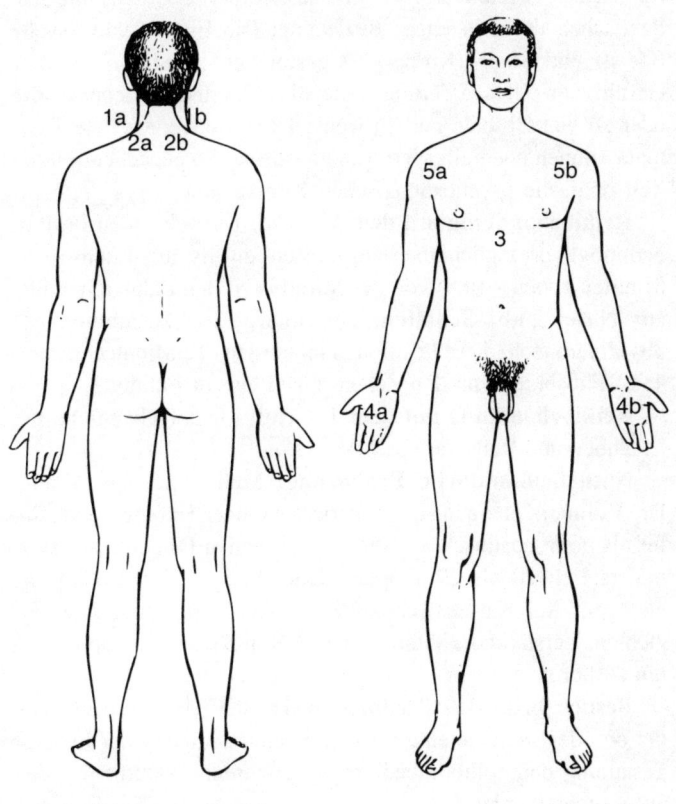

Behandlungspositionen: 1a,b) Hals auf der Rückseite; 2a,b) vom prominenten Halswirbel unter dem Halsansatz nach vorne; 3) Solarplexus; 4a,b) Handteller; 5a,b) Oberarme am Schulteransatz.

Nervosität

Allgemeines: Nervosität ist ein Sammelbegriff für vielerlei Störungen des vegetativen Systems; das Körperliche steht mit dem Seelischen dabei in enger Beziehung. Die Einheit von Psyche (Geist) und Soma (Körper) ist gestört, etwa durch Streß, das Gefühl von Überforderung, eine disharmonische Lebensweise oder zu viel Grübeln und zu wenig Leben; unverarbeitete Traumata können ebenfalls Nervosität auslösen. So entstehen mit der Zeit dann die psychosomatischen Krankheiten.

Reikibehandlung mit dem 1. Grad: Die folgenden Positionen möglichst täglich über längere Zeit jeweils mindestens sechs Minuten geben - 1a,b) von der Stirn bis zu den Zähnen, parallel zur Nase; 2a,b) Schläfen; 3a) Solarplexus zusammen mit 3b) Unterbauch, diese Positionen mindestens 12 Minuten geben!; 4a,b) Fußsohlen von den Zehenspitzen bis zur Fußmitte.

Reikibehandlung mit dem 2. Grad: Mentalbehandlung mit Eingaben und Reiki für das *Innere Kind.*

Naturheilkundliche Ergänzung: Melissentee mit Honig; Dr. Vollmers medizinisch präparierter grüner Hafertee oder Hafer als homöopathisches Mittel: Avena sativa D1, drei- bis viermal täglich 10 bis 20 Tropfen. Jede Woche einen Rohkosttag einlegen. Auf Kaffee, Schokolade, Kakao und Schwarztee verzichten. Verstärkt die Vitamine des B-Komplexes, E, C und Lecithin zuführen. Tai Chi Chuan oder Yoga lernen.

Besuch beim Arzt/Heilpraktiker: Hält die Nervosität länger an oder stellt sie eine stärkere Beeinträchtigung der Lebensgestaltung dar, sollte unbedingt ein erfahrener Naturheilkundler aufgesucht werden.

Besuch eines Psychotherapeuten: Sollte bei hartnäckigen Fällen, die auf die üblichen Heilmethoden nicht recht reagieren, unbedingt erfolgen. Ebenso eine Untersuchung durch einen Neurologen.

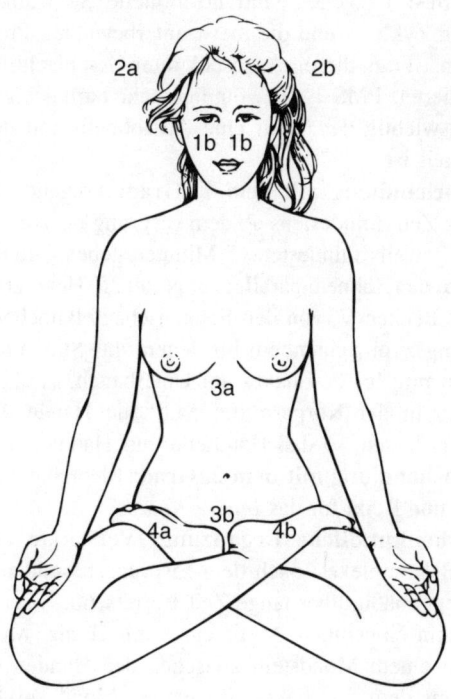

Behandlungspositionen: 1a,b) Stirn bis Zähne, parallel zur Nase; 2a,b) Schläfen; 3a) Solarplexus, 3b) Unterbauch; 4a,b) Fußsohlen, Zehenspitzen bis Fußmitte.

PMS (Prämenstruelles Syndrom)

Allgemeines: Ursachen sind hormonelle Schwankungen im weiblichen Zyklus - und die meist unterbewußten Probleme der Psyche einer Frau, diesen Ausdruck ihrer Geschlechtlichkeit voll zu akzeptieren. PMS ist gewöhnlich sehr hartnäckig: Ein Hinweis, wie wichtig der Natur eine Aussöhnung mit der eigenen Weiblichkeit ist.

Reikibehandlung mit dem 1. Grad: Folgende Positionen über lange Zeit, mindestens ab dem Eisprung bis zum Abklingen des PMS, jeweils mindestens 7 Minuten geben - 1a,b) Von der Stirn bis zu den Zähnen, parallel zur Nase; 2a) Herz, 2b) Solarplexus; 3a,b) Becken-V, von den Beckenschaufelknochen die Hände v-förmig zum Schambein hin legen; 4a) Stirn und 3. Auge zusammen mit 4b) 2. Chakra am Unterbauch, direkt über dem Schambein in der Körpermitte; 5a,b) die Hände über Kreuz (bequemer) fassen, so daß Handteller auf Handteller liegt.

Reikibehandlung mit dem 2. Grad: Mentalbehandlung mit Eingaben und Reiki für das *Innere Kind*..

Naturheilkundliche Ergänzung: Verstärkte Zufuhr des Vitamin B-Komplexes, nach dem Eisprung besonders B 6. Außerdem regelmäßig über lange Zeit Borretschöl- oder Nachtkerzenölkapseln einnehmen. Melissentee mit Honig. Mondmeditationen mit einem Mondstein zwischen den Händen und einem Karneol auf dem 2. Chakra. Dabei den Mond anschauen und einfach mindestens 30 Minuten nur spüren. Meditiere über die Tarotkarte »Die Hohe Priesterin« und mach Dir Gedanken über die Rhythmen der Schöpfung, wie Tag und Nacht, Leben und Tod und besonders über die spirituelle Bedeutung Deiner Weiblichkeit und wie Du sie im Alltag leben und genießen kannst.

Besuch beim Arzt/Heilpraktiker: Ein Naturheilkundler sollte in schweren Fällen aufgesucht werden. Die ganzheitliche Medizin kennt viele Möglichkeiten, PMS zu heilen.

Besuch eines Psychotherapeuten: Ist in hartnäckigen Fällen sehr sinnvoll.

PMS (Prämenstruelles Syndrom)

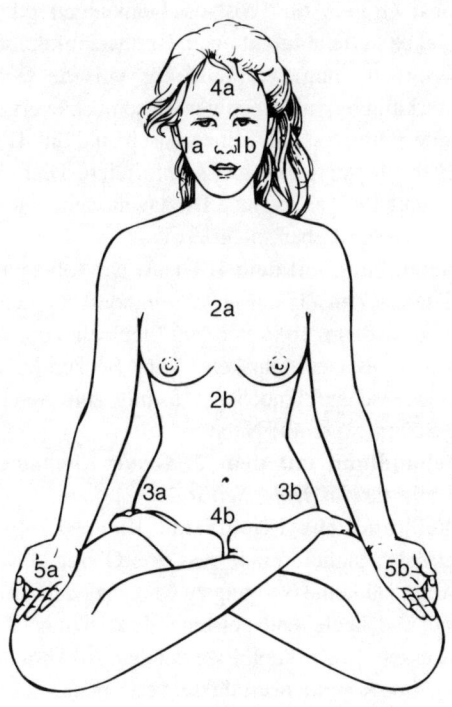

Behandlungspositionend: 1a,b) Stirn bis Zähne, parallel zur Nase; 2a) Herz, 2b) Solarplexus; 3a,b) Becken-V; 4a) Stirn und 3. Auge, 4b) Unterbauch, oberhalb des Schambeins; 5a,b) Handteller.

Prostata

Allgemeines: Gründe für Prostataerkrankungen gibt es viele, zum Beispiel bakterielle Infektionen, Harnweginfektionen, Zahnwurzeleiterungen, lang anhaltende psychische Belastungen, Gicht, Unterkühlung, übermäßiger Geschlechtsverkehr - aber auch sexuelle Enthaltsamkeit. Energetisch sind das 1. und das 2. Chakra für die Prostata zuständig. Informiere Dich über deren Funktionen und kläre ab, welche Du davon vielleicht noch nicht harmonisch in Dein Leben integriert hast.

Reikibehandlung mit dem 1. Grad: Die folgenden Positionen über längere Zeit täglich jeweils mindestens zehn Minuten geben - 1a) Kreuzbein, 1b) unter dem Steißbein zum Damm hin; 2a,b) oberhalb des Gesäßmuskels; 3a,b) Becken-V; die Hände von den Beckenschaufelknochen v-förmig zum Schambein hin legen; 4a) Solarplexus, 4b) Nabel.

Reikibehandlung mit dem 2. Grad: Mentalheilung mit Eingabe. Reiki für das *Hohe Selbst*.

Naturheilkundliche Ergänzung: Kanne Brottrunk® und Fermentgetreide® täglich mindestens drei Gläser. Spargel essen, aber nur, wenn Du keine Neigung zu Rheuma oder Arthrose hast. Vorbeugend und begleitend bei einer Erkrankung Kürbiskerne und Kürbis essen. Kürbiskernöl verwenden. Alkohol und Fleisch weglassen. Nur Rohmilch-Produkte verwenden.

Besuch beim Arzt/Heilpraktiker: Prostatabeschwerden müssen unbedingt genau diagnostiziert und ärztlich behandelt werden. Die Naturheilkunde hat hier wirksame Heilmethoden zu bieten. Auch der Besuch eines Osteopathen ist sinnvoll.

Besuch eines Psychotherapeuten: Nur bei sehr hartnäckigen Fällen sinnvoll. Prostataleiden können zum Beispiel ein Ausdruck der »männlichen Wechseljahre« sein.

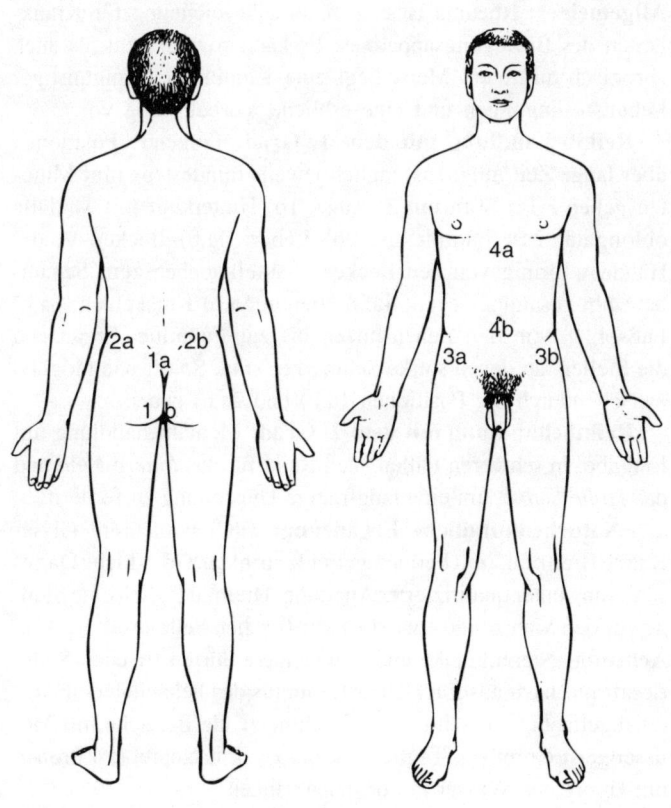

Behandlungspositionen: 1a) Kreuzbein, 1b) unter dem Steißbein zum Damm hin; 2a,b) oberhalb des Gesäßmuskels; 3a,b) Becken-V; 4a) Solarplexus, 4b) Nabel.

Rheuma

Allgemeines: Rheuma ist eine Sammelbezeichnung für Krankheiten des Bewegungsapparates. Es kann sowohl akut als auch chronisch auftreten. Meist liegt eine Kombination ungünstiger Lebensbedingungen und eine erbliche Vorbelastung vor.*

Reikibehandlung mit dem 1. Grad: Folgende Positionen über lange Zeit möglichst täglich jeweils mindestens fünf Minuten geben - 1a) Stirn mit 3. Auge, 1b) Hinterkopf mit Medulla oblongata; 2a) Solarplexus; 2b) Leber; 3a,b) Becken-V, die Hände v-förmig von den Beckenschaufelknochen zum Schambein hin zusammenlegen; 4a,b) Nieren; 5a,b) Kniekehlen; 6a,b) Fußsohlen von den Zehenspitzen bis zur Fußmitte. Ergänzend die Stellen, an denen starke Schmerzen sind. So oft wie möglich zwischendurch die Positionen 1a,b) und 2a,b) geben.

Reikibehandlung mit dem 2. Grad: Mentalbehandlung mit Eingabe. In schweren Fällen auch Reiki für das *Innere Kind* und das *Hohe Selbst*, um eine langfristige Umstellung zu fördern.

Naturheilkundliche Ergänzung: Täglich mehrere Gläser Kanne Brottrunk® mit Fermentgetreide® trinken. Gründliche Darmsanierung unter qualifizierter Aneitung. Dreimal täglich eine Stunde vor den Mahlzeiten etwa 0,1 Liter frischen Selleriesaft trinken. **Achtung:** Nierenkranke und Schwangere dürfen frischen Selleriesaft nur nach ausdrücklicher Erlaubnis des behandelnden Arztes regelmäßig zu sich nehmen. Schmerzende Bereiche mit Melissengeist einreiben. Täglich ein bis zwei ausgepreßte Zitronen mit Honig und Wasser in Portionen trinken.

Besuch beim Arzt/Heilpraktiker: Unbedingt eine genaue Diagnose von einem erfahrenen Naturheilkundler erstellen und, wenn nötig, entsprechend behandeln lassen.

Besuch eines Psychotherapeuten: Selten sinnvoll.

---

* Interessante Informationen dazu in »Rheuma heilt man anders« von Dr. med. K. Hoffmann, Verlag Vier Flamingos.

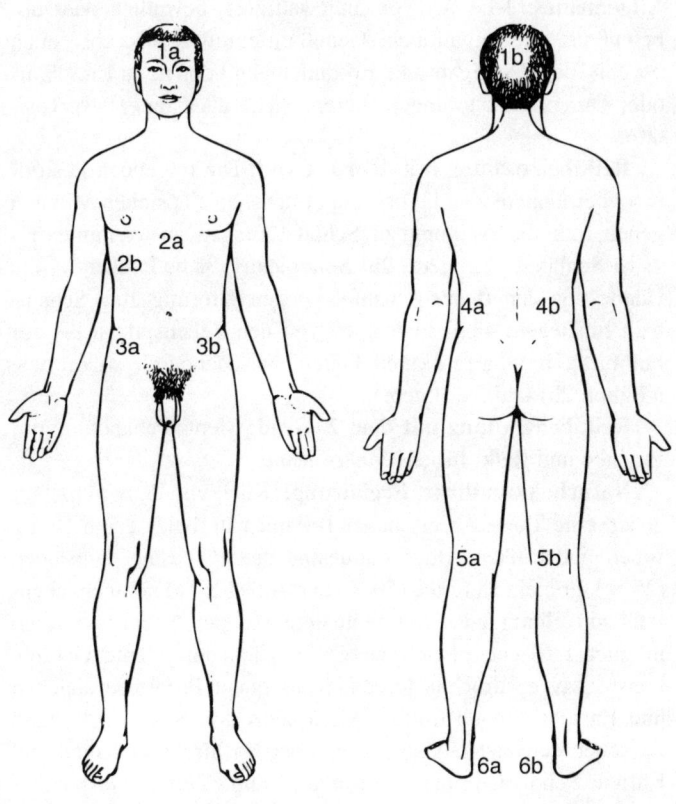

Behandlungspositionen:1a) Stirn mit 3. Auge, 1b) Hinterkopf mit Medulla oblongata; 2a) Solarplexus, 2b) Leber; 3a,b) Becken-V; 4a,b) Nieren; 5a,b) Kniekehlen; 6a,b) Fußsohlen, Zehenspitzen bis Fußmitte.

Schlafstörungen

Allgemeines: Jede Art von unbewältigten, bewußten oder unbewußten Streßsituationen, Genußmittelmißbrauch, aber auch psychische oder organische Erkrankungen können zu Einschlaf- oder Durchschlafstörungen führen. Siehe auch unter »Nervosität«.

Reikibehandlung mit dem 1. Grad: Die folgenden Positionen über längere Zeit täglich mindestens jeweils sieben Minuten geben, um die Neigung zu Schlafstörungen zu vermindern - 1a,b) Schläfen; 2a) Herz, 2b) Solarplexus; 3a,b) Becken-V, die Hände von den Beckenschaufelknochen v-förmig zum Schambein hin legen; 4a,b) Fußsohlen von den Zehenspitzen bis zur Fußmitte. Bei hartnäckigen Fällen zwischendurch so oft wie möglich 2b) und 3a,b) geben.

Reikibehandlung mit dem 2. Grad: Mentalbehandlung mit Eingabe und Reiki für das *Innere Kind*.

Naturheilkundliche Ergänzung: Kurz vor dem Schlafengehen eine Tasse Apfelschalen-Tee mit naturbelassenem Honig süßen und trinken. Oder stattdessen einen Tee aus Dillsamen (25 %), grünem Hafertee (50 %) und Anis (25 %) nehmen, ebenfalls mit Honig gesüßt. Regelmäßig vor der Nachtruhe einen möglichst frischen Kopfsalat essen. Nicht ausgelebte Gefühle konstruktiv ausdrücken lernen. Konsequent Probleme angehen und Entscheidungen treffen. Mindestens drei Stunden Abstand zwischen der letzten Mahlzeit und der Nachtruhe einhalten und Kaffee, Schokolade und Schwarztee einige Zeit weglassen.

Besuch beim Arzt/Heilpraktiker: Bestehen Schlafstörungen über längere Zeit oder treten sie in Abständen immer wieder auf, sollte unbedingt qualifizierter naturheilkundlicher Rat gesucht werden.

Besuch eines Psychotherapeuten: Ist bei länger anhaltenden Schlafstörungen ohne erkennbare organische Ursache wichtig. Es muß auch abgeklärt werden, ob eine Depression besteht.

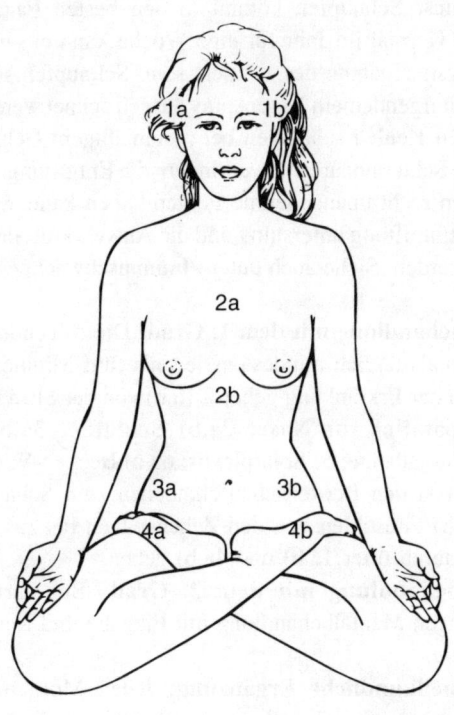

Behandlungspositionen: 1a,b) Schläfen; 2a) Herz, 2b) Solarplexus; 3a,b) Becken-V; 4a,b) Fußsohlen, Zehenspitzen bis Fußmitte.

Schnupfen

Allgemeines: Schnupfen kommt in den besten Familien vor. Zwei- bis viermal im Jahr für eine Woche kann er einfach eine Entgiftungsmaßnahme des Körpers sein. Schnupfen sollte nicht einfach mit irgendeinem Nasenspray ausgetrocknet werden. Diese chemischen Keulen schädigen bei regelmäßigem Gebrauch fast immer die Schleimhäute und verhindern die Entgiftung, was unter Umständen recht unangenehme Folgen haben kann. Stattdessen sollte die Entgiftung unterstützt und die Abwehrkraft des Körpers gestärkt werden. Siehe auch unter »Immunschwäche« und »Entgiftung«.

Reikibehandlung mit dem 1. Grad: Die folgenden Positionen mehrmals täglich mindestens jeweils fünf Minuten bis zum Abklingen der Erkrankung geben - 1a,b) von der Stirn bis zu den Zähnen parallel zur Nase; 2a,b) Schläfen; 3a,b) Ohren; 4a,b) Schlüsselbeine; 5) Solarplexus; 6a,b) Becken-V, die Hände v-förmig von den Beckenschaufelknochen zum Schambein hin legen; 7a,b) Fußsohlen von den Zehenspitzen bis zur Fußmitte. Zwischendurch öfter 1a,b) und 4a,b) geben.

Reikibehandlung mit dem 2. Grad: Bei hartnäckigen Erkrankungen Mentalbehandlung mit Eingabe und Reiki für das *Innere Kind.*

Naturheilkundliche Ergänzung: Jeden Morgen vor dem Frühstück ein großes Glas Kanne Brottrunk® mit Fermentgetreide® und dem Saft einer frisch ausgepreßten halben Zitrone trinken. Wer mag, kann mit Honig süßen. Vor dem Mittagessen eine Grapefruit mit einem guten Eßlöffel naturbelassenem Honig essen und am Abend ein großes Glas frischen Kohlsaft (Zubereitung siehe unter »Entgiftung«) trinken. Jeden Tag mindestens zwei fein geriebene Äpfel (mit Schale und Gehäuse) mit Honig und Zitronensaft essen. Um die Nase frei zu bekommen, kann die Brust mit China-Balsam eingerieben werden. Wird diese Kur sofort bei den ersten Anzeichen des Schnupfens begonnen, bricht

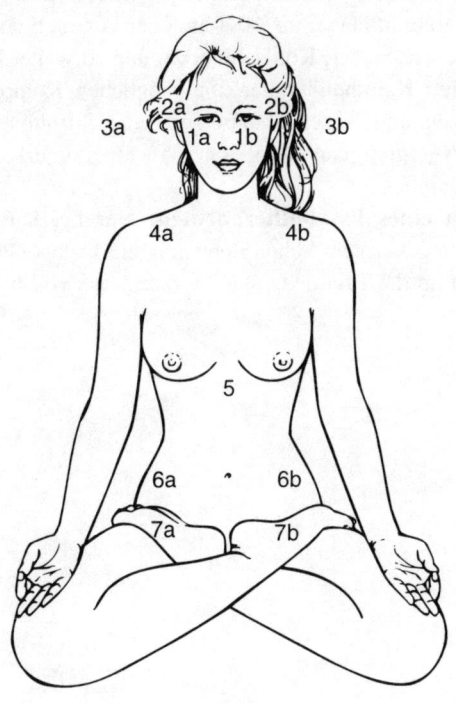

Behandlungspositionen: 1a,b) Stirn bis Zähne, parallel zur Nase;
2a,b) Schläfen; 3a,b) Ohren; 4a,b) Schlüsselbeine; 5) Solarplexus;
6a,b) Becken-V; 7a,b) Fußsohlen, Zehenspitzen bis Fußmitte.

er nur selten aus. Zäher Schleim läßt sich lösen, indem Du fein zerriebenen Majoran schnupfst.

Besuch beim Arzt/Heilpraktiker: Dauert der Schnupfen trotz Hausmitteln länger als 10 Tage oder kommen noch andere Symptome wie Fieber, Kopfschmerzen und so weiter hinzu, unbedingt zum Naturheilkundler, um möglichen Komplikationen vorzubeugen und Nasennebenhöhlen- und Stirnhöhlenentzündungen, Allergien und dergleichen rechtzeitig erkennen und heilen zu können.

Besuch eines Psychotherapeuten: Nur bei hartnäckigem und sehr langwierigem Schnupfen sinnvoll, da abgeklärt werden sollte, warum der Erkrankte ständig »die Nase voll hat«.

Allgemeines: Natürlich ist Schwangerschaft keine Krankheit, obwohl sie heute häufig so ähnlich behandelt wird. Die hier aufgeführten Hinweise sollen helfen, die erhöhten Anforderungen an Psyche und Körper besser zu bewältigen und die Schwangerschaft glücklicher und natürlicher erfahren zu können.

Reikibehandlung mit dem 1. Grad: Die folgenden Positionen über die ganze Zeit der Schwangerschaft möglichst täglich jeweils mindestens fünf Minuten geben - 1a,b) Schläfen; 2a) Herz), 2b) Solarplexus; 3a,b) Becken-V, die Hände von den Beckenschaufelknochen v-förmig zum Schambein hin legen; 4a) Leber, 4b) Milz/Bauchspeicheldrüse; 5a,b) Nieren; 6a) Kreuzbein erst mit 6b) Ansatz des Oberschenkels am Gelenk außen rechts; dann zusammen mit 6c) wie 6b) nur links; 7a,b) Fußsohlen von den Zehenspitzen bis zur Fußmitte. Zwischendurch so oft wie möglich den gesamten Bauchraum und 5a,b) behandeln. Einige Wochen nach der Entbindung 1a,b); 2b); 3a,b) und 6a) geben.

Reikibehandlung mit dem 2. Grad: Mentalbehandlung mit ausgewählten Eingaben und Reiki für das *Innere Kind*.

Naturheilkundliche Ergänzung: Grundsätzlich auf leicht verdauliche Nahrung und den höheren Bedürfnissen angepaßte Versorgung mit Vitalstoffen (Vitamine, Mineralstoffe, Spurenelemente; Enzyme und so weiter) achten. **Achtung**: Vitamin A darf während der Schwangerschaft nicht zusätzlich isoliert zugeführt werden, es sei denn, der Arzt ordnet es an! Stattdessen kann grundsätzlich Beta Carotin genommen werden. Einmal täglich Rohkost aus frisch geriebenem Apfel, Karotte, Zitronensaft, einem Teelöffel Weizenkeimöl und naturbelassenem Honig mit etwas Fermentgetreide® gemischt essen. Für die ersten vier Monate ein Mittel zur Nervenstärkung: vier Teelöffel frischer Zwiebelsaft mit naturbelassenem Honig gemischt über den Tag verteilt nehmen; Melissentee mit Honig wirkt auch so. Etwa acht

Schwangerschaft

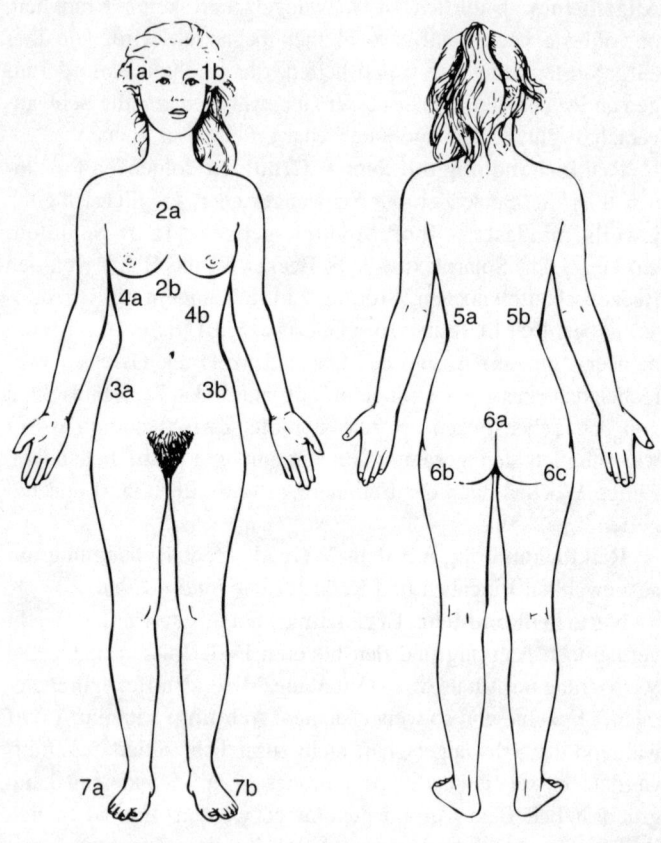

Behandlungspositionen: 1a,b) Schläfen; 2a) Herz), 2b) Solarplexus; 3a,b) Becken-V; 4a) Leber, 4b) Milz/Bauchspeicheldrüse; 5a,b) Nieren; 6a) Kreuzbein, 6b) Ansatz des Oberschenkels am Gelenk außen rechts, 6c) wie 6b) nur links; 7a,b) Fußsohlen, Zehenspitzen bis Fußmitte.

Wochen vor der Geburt kann täglich eine Tasse mit Honig gesüßter Tee zu gleichen Teilen aus Brombeerblättern und Frauenmantel genommen werden. Auch Kümmeltee ist dann zu empfehlen, denn beide Tees stärken und entspannen die an der Geburt beteiligten Organe.

Für die Stillzeit: Tee aus Dillsamen oder Kümmeltee fördert die Milchbildung. Bitte beachten: Alle regelmäßigen Maßnahmen während der Schwangerschaft und Stillzeit sollten sicherheitshalber immer mit dem behandelnden Arzt/Naturheilkundler abgesprochen werden!

Besuch beim Arzt/Heilpraktiker: Neben der natürlich obligatorischen Begleitung durch einen Gynäkologen kann ein erfahrener Naturheilkundler viel Gutes für Mutter und Kind tun.

Besuch eines Psychotherapeuten: Nur sinnvoll, wenn stärkere psychische Krisen auftreten oder vorher schon größere Probleme vorhanden waren.

Sexuelle Störungen

Allgemeines: Unter sexuellen Störungen wird in diesem Zusammenhang verstanden: a) abnehmende oder nicht mehr vorhandene Neigung zu sexueller Betätigung, b) Impotenz und c) Orgasmusunfähigkeit.

Impotenz und Orgasmusunfähigkeit müssen von einem erfahrenen Naturheilkundler und einem Psychotherapeuten behandelt werden. Sollte die Unlust längere Zeit anhalten und sich nicht durch die unten angeführten Maßnahmen nennenswert bessern, gilt dasselbe. Sexualität und die Lust zur Lust haben eine zentrale Funktion in einem gesunden, natürlichen Leben. Störungen in diesem Bereich müssen ernst genommen und kompetent behandelt werden. Manche Medikamente können lustfeindliche Nebenwirkungen haben. Übrigens: Eine echte spirituelle Entwicklung ohne ein glückliches und intensives Sexualleben ist nicht möglich!

Reikibehandlung mit dem 1. Grad: Die folgenden Positionen über längere Zeit möglichst täglich mindestens jeweils sieben Minuten geben - 1a,b) von der Stirn bis zu den Zähnen parallel zur Nase; 2a) Solarplexus, zuerst zusammen mit 2b) die Hand vom rechten Beckenschaufelknochen zum Schambein hin und dann 2c) wie 2b), nur links; 3a,b) die Hände über Kreuz (weil es bequemer ist) fassen, so daß Handteller auf Handteller liegt; 4a,b) Nieren; 5a) Kreuzbein, 5b) unter dem Steißbein zum Damm hin. Bei schwierigen Fällen zusätzlich 6a,b) Schulterblätter und 7a,b) Ellenbogenspitzen geben.

Reikibehandlung mit dem 2. Grad: Mentalbehandlung mit Eingabe. In schweren Fällen auch Reiki für das *Innere Kind* und das *Hohe Selbst*.

Naturheilkundliche Ergänzung: Sind keine organischen Schädigungen und persönliche oder beziehungsbedingte Probleme vorhanden, ergibt sich ein verminderter sexueller Bedarf häufig aus Überforderung/Überarbeitung. Als erstes also Streß

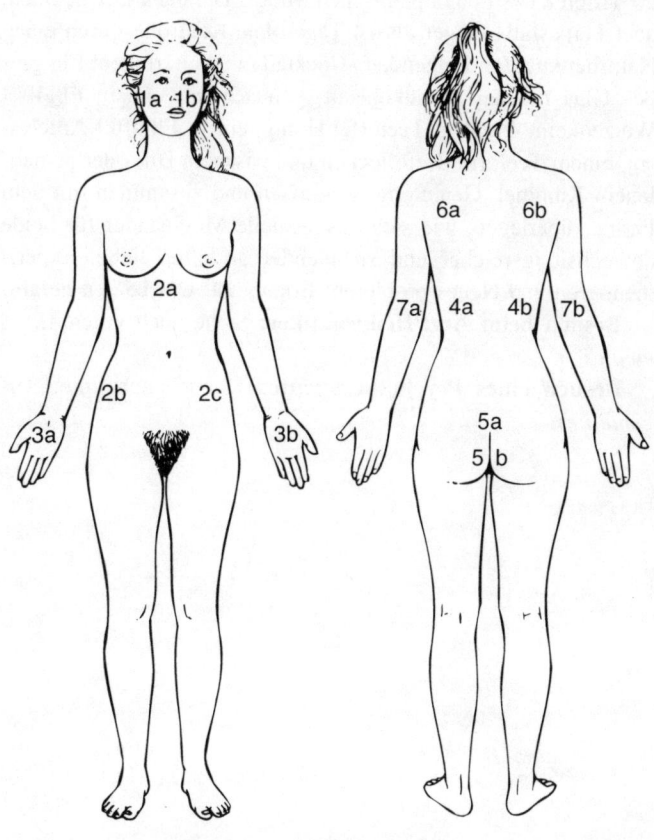

Behandlungspositionen: 1a,b) Stirn bis Zähne, parallel zur Nase;
2a) Solarplexus, 2b) die Hand vom rechten Beckenschaufelknochen
zum Schambein hin, 2c) wie 2b), nur links; 3a,b) Handteller;
4a,b) Nieren; 5a) Kreuzbein, 5b) unter dem Steißbein zum Damm hin;
6a,b) Schulterblätter; 7a,b) Ellenbogenspitzen.

und Arbeit vermindern, damit die Lust Raum zur Entfaltung im Leben findet. Dann kann noch folgendes helfen: Zweimal täglich 20 Tropfen des homöopathischen Mittels Damiana D 1 nehmen, aber keinesfalls länger als 14 Tage ohne Kontrolle durch einen Naturheilkundler. Folgenden »Cocktail« täglich trinken: Ein großes Glas frischen Weißkohlsaft, gemischt mit einem Eßlöffel Weizenkeimöl, einem Teelöffel Honig, einem Eßlöffel Apfelessig, einem Teelöffel Hefeflocken und frischem Dill oder gemahlenem Kümmel. Genußgifte weglassen und zusammen mit dem Partner überlegen, wie sich das sexuelle Miteinander für beide abwechslungsreicher und spannender gestalten ließe. Experimentieren und Neues probieren! Erlaubt ist, was beiden gefällt.

Besuch beim Arzt/Heilpraktiker: Siehe auch unter *Allgemeines.*

Besuch eines Psychotherapeuten: Siehe auch unter *Allgemeines.*

Allgemeines: Der Tennisarm entsteht folgendermaßen: Durch Überlastung des Ellenbogengelenks kommt es dort zu Schädigungen, die weiter zu Einrissen an den Sehnen führen. Es tritt ein Druckschmerz auf, der bei Muskelanspannung auch ausstrahlen kann. Doch warum passiert das? Gründe können zu große sportliche Anstrengungen, aber auch ein grundsätzlich falsches Bewegungsmuster sein, kombiniert mit einer längerfristigen energetischen Schwäche im Bereich des Ellenbogens. Eine energetische Verbindung gibt es zur Bauchspeicheldrüse, und an den Ellenbogen liegen auch wichtige Nebenchakren.*

Reikibehandlung mit dem 1. Grad: Den betroffenen Ellenbogen und die Hand desselben Armes fassen, so daß Handteller auf Handteller zu liegen kommt. Dann statt des Handtellers die Schulter fassen, die andere Position bleibt. Zur langfristigen Umstimmung den gesamten Kopf- und Schulter- Nackenbereich behandeln. Dort, wo nach den ersten Behandlungen ein besonders starker Energiebedarf festgestellt wird, in den folgenden Wochen weiter so oft wie möglich Reiki geben. Die anderen Positionen weglassen. Außerdem täglich jeweils mindestens zehn Minuten die folgenden Positionen geben - 1a) Solarplexus und 1b)Milz/Bauchspeicheldrüse.

Reikibehandlung mit dem 2. Grad: Mentalbehandlung mit Eingabe (mittel- bis langfristig gut wirksam).

Naturheilkundliche Ergänzung: Erlernen neuer, harmonischer Bewegungsmuster, zum Beispiel durch die Feldenkrais-Methode oder die Alexandertechnik. Die beiden Übungssysteme können nicht aus Büchern gelernt werden. Kurse gibt es aber heute praktisch überall. Der akute Fall läßt sich gut mit kalten Heilerdeumschlägen lindern. Die Erde mit kaltem Wasser zu

---

* Diese Energiezentren sind in meinem »Aura-Heilbuch«, Windpferd Verlag, genau beschrieben.

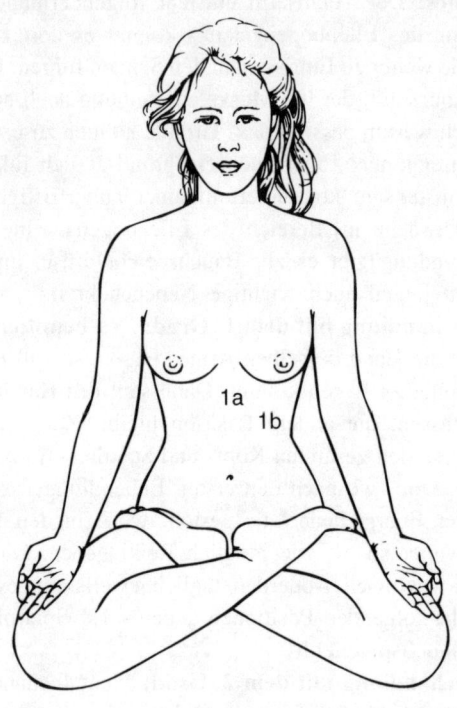

Behandlungspositionen: 1a) Solarplexus, 1b) Milz/Bauchspeichel-drüse.

einer streichfähigen Paste rühren, auf ein Tuch streichen, um den Ellenbogen binden und ein weiteres Tuch zum Fixieren oben drüber. Funktioniert auch bei Problemen mit anderen Gelenken. Hilfreich sind ebenfalls mehrschichtige Auflagen von Weißkohlblättern, die mehrere Stunden verbleiben sollten. Siehe unter »Zähne«, wie man das macht.

Besuch beim Arzt/Heilpraktiker: Bei hartnäckigen und schweren Fällen muß qualifizierter naturheilkundlicher Rat gesucht werden.

Besuch eines Psychotherapeuten: Nicht sinnvoll.

Verbrennungen

Allgemeines: Zu Verbrennungen kommt es im Alltag schnell einmal. Die hier aufgeführten Methoden gelten für leichtere Verbrennungen 1. Grades (Rötung und schmerzende Haut) und kleinere Verbrennungen 2. Grades (Blasenbildung) und für Notfälle, wenn kein Arzt oder Krankenhaus erreichbar ist.

Reikibehandlung mit dem 1. Grad: Direkt die betroffenen Hautpartien behandeln. Dabei nicht berühren! Der Schmerz wird zuerst zunehmen, dann aber rasch abflauen. Es muß immer etwa zehn Minuten über den Zeitpunkt der Schmerzabnahme nach der Schmerzzunahme hinaus behandelt werden. Bei größeren Verbrennungen zusätzlich Ganzbehandlungen.

Reikibehandlung mit dem 2. Grad: Nur bei größeren Verbrennungen, aber dann regelmäßig und ausgedehnte Mentalbehandlung mit Eingabe, Reiki für das *Innere Kind*. Bei Verbrennungen 3. Grades auch Reiki für das *Hohe Selbst*.

Naturheilkundliche Ergänzung: Sofort mit Leitungswassergüssen kühlen. Ist bis zu 60 Minuten nach der Verbrennung nützlich. Auf keinen Fall Eis, Eiswasser, etwas Heißes oder Terpentin verwenden! Rohe, geriebene Kartoffel auf die Verbrennung auflegen. Umschlag mit Heilerde.

Besuch beim Arzt/Heilpraktiker: Verbrennungen kommen in drei Graden vor. Ab größeren Verbrennungen des 2. Grades (Blasenbildung, schneller Puls, Fieber) und bei Diabetikern, Herz- oder Nierenkranken auch bei weniger großen Verbrennungen 2. Grades unbedingt schnell zum Arzt!

Besuch eines Psychotherapeuten: Nur bei schweren Fällen mit Trauma und möglichen Entstellungen sinnvoll.

Allgemeines und naturheilkundliche Ergänzung: Bei kleineren Verletzungen aller Art sofort etwa 15 Minuten Reiki darüber geben, die Wunde aber auf keinen Fall berühren. Zuerst wird der Schmerz für kurze Zeit stärker werden, dann abklingen. Danach noch mindestens fünf Minuten - bei größeren, älteren oder verunreinigten Verletzungen auch wesentlich länger - dort behandeln. Normal mit Pflaster oder Verband und zum Beispiel Ringelblumensalbe versorgen. Guter, naturbelassener Bienenhonig ist ebenfalls eine ausgezeichnete Hilfe, selbst bei verschmutzten Wunden. Er hemmt Entzündungen, fördert die Heilung und ist voller Lebensenergie! Die Wunde wird dann meistens schnell heilen. An seiner Stelle lassen sich auch Heilerde oder Kanne Brottrunk ® verwenden. Bei größeren Verletzungen und der sich daraus ergebenden Wundbehandlung ist die Allgemeinbehandlung sowie der Besuch beim Arzt oder Heilpraktiker wichtig: Regelung des Stuhlgangs, kochsalzarme Ernährung, Rohkost, bei starker Wundabsonderung Trockenkost. (Siehe auch unter »Blutungen« und »Verbrennungen«.)

Reikibehandlung mit dem 1. Grad: Grundsätzlich sollten die betroffenen Körperbereiche so oft wie möglich mit Reiki versorgt werden. Jeden zweiten bis dritten Tag sind Ganzbehandlungen sinnvoll, wenn es sich um größere Verletzungen handelt.

Reikibehandlung mit dem 2. Grad: Über Mentalbehandlungen mit ausgesuchten Eingaben kann die Neigung zur Selbstschädigung geheilt und der Lebensfluß wieder in ruhigeres Fahrwasser geleitet werden. Dies ist nur bei ausgeprägter Neigung zu Verletzungen nötig.

Besuch beim Arzt oder Heilpraktiker: Siehe unter *Allgemeines.*

Verstopfung

Allgemeines: Verstopfung ist meist erblich bedingt oder auf falsche Lebensgewohnheiten zurückzuführen. Sitzende Tätigkeit, Bewegungsarmut, ungeeignete Ernährung, manche Medikamente und Erschlaffung der Bauchmuskulatur tragen auch dazu bei, daß der Stuhl nur schwer ausgeschieden werden kann. Oft kommen auch noch eine psychische Komponente und/oder eine geschädigte Darmflora dazu.

Reikibehandlung mit dem 1. Grad: Den gesamten Bauch- und Beckenbereich mit Reiki versorgen. Zwischendurch so oft wie möglich den Solarplexus und den Unterbauch behandeln.

Reikibehandlung mit dem 2. Grad: Mentalbehandlung mit Eingabe. In schweren Fällen auch Reiki für das *Innere Kind*.

Naturheilkundliche Ergänzung: Sauerkrautsaft oder Kanne Brottrunk® in größeren Mengen trinken. Auf vegetarische Vollwertkost umstellen und scharfe Gewürze meiden. Regelmäßig frisch geschroteten Leinsamen essen, der eine Weile in Wasser oder besser in Joghurt oder Kefir gequollen und mit etwas Honig gesüßt ist. Zu jedem Essen mindestens zwei Tomaten essen oder frischen Tomatensaft trinken. Auf ausreichende Flüssigkeitszufuhr von mindestens 1,5 bis 2 Litern beim Erwachsenen achten. Original Schwedentrunk dreimal täglich nehmen und viel Kefir und Joghurt essen. Nichts essen oder trinken, was Pfefferminze enthält! Bauchmassagen und auf regelmäßige Bewegung achten. Alle Getränke und das Essen mit Reiki behandeln.

Besuch beim Arzt/Heilpraktiker: Bei regelmäßig auftretender oder längerfristiger Verstopfung (mehr als drei Tage), sollte unbedingt ein erfahrener Naturheilkundler aufgesucht werden, da Verstopfung auch Symptom einer anderen Erkrankung sein und den Körper bei langer Dauer stark belasten kann.

Besuch eines Psychotherapeuten: Wenn organische Ursachen nicht feststellbar sind und die üblichen Heilmethoden versagen, kann eine Psychotherapie sehr sinnvoll sein.

Allgemeines: Durch ungeschickte Bewegungen können starke Zerrungen der Gelenkbänder, Gelenkergüsse, Formveränderungen des Gelenks und mehr entstehen, die mitunter erhebliche Schmerzen und Bewegungseinschränkungen verursachen. Ernst nehmen!

Reikibehandlung mit dem 1. Grad: Die Verstauchung möglichst schnell und dann für mindestens 30 Minuten behandeln. Der Schmerz wird während der Reiki-Einwirkung erst zunehmen und dann wieder abklingen. Es muß auf jeden Fall diese Reaktion abgewartet und danach noch mindestens 15 Minuten weiterbehandelt werden. Dann mindestens dreimal täglich für jeweils etwa 20 Minuten Reiki bis zur Ausheilung geben.

Reikibehandlung mit dem 2. Grad: Bei Verletzungsneigung Mentalbehandlung mit Eingaben und Reiki für das *Innere Kind* geben.

Naturheilkundliche Ergänzung: »Schnapsverband« anlegen. Dazu eine Binde, ein Taschentuch oder ähnliches mit möglichst hochprozentigem Alkohol tränken (mindestens 45 % bis etwa 60 %, stärkeren Alkohol hingegen verdünnen), auf den betroffenen Bereich auflegen und mit einem Verband fixieren. Alle drei bis vier Stunden wechseln. Arnica-Salbe, die Rescue-Remedy-Creme der Bachblüten und Symphytum externum sind ebenfalls zu empfehlen. Weiterhin Umschläge mit frischen Weißkohlblättern. Zubereitung wie unter »Zähne« beschrieben. Ruhigstellen und nicht belasten.

Besuch beim Arzt/Heilpraktiker: Sollte bei Verstauchungen, die über den Bagatellbereich hinausgehen, immer erfolgen, um sicherzustellen, daß nichts gebrochen oder anderweitig schwer verletzt ist, und damit, falls nötig, geschient werden kann.

Besuch eines Psychotherapeuten: Nur sinnvoll, wenn immer wieder Verstauchungen in kurzen Abständen auftreten (Verletzungsneigung!).

Warzen

Allgemeines: Warzen werden als gutartige infektiöse Gewebe-wucherungen der obersten Hautschicht definiert. Wahrschein-lich sind sie eine Reaktion des Körpers auf eine Virusinfektion. Örtliche Durchblutungsstörungen begünstigen die Warzenbil-dung. Menschen, die durch Störungen des vegetativen Nerven-systems oder aus anderen Gründen dazu neigen, werden wesent-lich mehr davon betroffen. Fußwarzen werden häufig mit Hüh-neraugen verwechselt! Beide werden grundsätzlich anders be-handelt.

 Reikibehandlung mit dem 1. Grad: Jeden Tag mindestens dreimal je 10 Minuten direkt die Warze behandeln, außerdem zusätzlich längere Zeit täglich den gesamten Bauch- und Bek-kenbereich insgesamt mindestens 30 Minuten zur grundsätzli-chen Umstimmung behandeln.

 Reikibehandlung mit dem 2. Grad: Mentalheilung mit Eingabe und Reiki für das *Innere Kind*.

 Naturheilkundliche Ergänzung: Besprechen hat sehr gute Erfolgsaussichten (bis zu 80 %). Wenn Du niemanden kennst, probiere es selbst mit der folgenden aus der Volksheilkunde stammenden Methode: Bei abnehmendem Mond gehe mit einer kleinen Schüssel, die nicht aus Plastik oder Metall sein darf, und etwas Wasser in die Natur hinaus, sieh den Mond an und bitte die Schöpferkraft und die Mondgöttin um Mithilfe und ihren Segen bei der Heilung. Erkläre in Deinem Gebet, warum Du die Hei-lung wünschst. Halte dabei die ganze Zeit Deine Hände über die mit Wasser gefüllte Schüssel. Spüre nach dem Gebet noch eine Weile in Dich hinein und nimm wahr, wie das Wasser immer stärkere Heilschwingungen aussendet. Dann tauche den Mittel-finger einer Hand in das Wasser und benetze damit jede Warze. Sprich dabei: »Die Schöpferkraft gibt, die Schöpferkraft nimmt. Kehre zurück zur Quelle des Seins und werde dort rein!« Gieße danach das Wasser in die Natur und vergrabe die Schüssel. Kontrolliere auf keinen Fall ständig, ob das Ritual schon gewirkt hat! Beschäftige Dich mit anderem, desto besser wirkt es. Weitere Möglichkeiten: Mehrmals täglich die Warze(n) mit Rizinusöl einreiben. Je drei Tage ein Pflaster mit etwas frischem Ingwer oder Knoblauch, die auf der Auflageseite mit naturbelassenem Honig eingestrichen sind, über die Warze kleben. Zweimal täglich wechseln. Oder auch Ringelblumenblätter oder - salbe über Nacht mit einem Pflaster darauf geben. Siehe auch unter »Immunschwäche« und »Entgiftung«.

Besuch beim Arzt/Heilpraktiker: Mit Akupunktur und -pressur, Bachblüten und klassischer Homöopathie läßt sich oft helfen. Vom Schneiden, Verätzen, Wegbrennen ist abzuraten. Es gibt genug menschenfreundlichere und sehr wirksame Methoden der Heilung.

Besuch eines Psychotherapeuten: Nur in absolut hartnäckigen Fällen und immer wiederkehrenden Erkrankungen nach scheinbarer Ausheilung sinnvoll.

Zähne/Karies/Schmerzen

Allgemeines: Zahnprobleme aller Art, inklusive Parodontose, sind praktisch immer ein Ausdruck einer größeren Disharmonie im gesamten Organismus. Jeder Zahn hat eine Verbindung zu Meridianen und Organen. Sind diese längerfristig im Ungleichgewicht, wird der Zahn leichter geschädigt.*

Grundsätzlich lassen sich die Zähne mit dem Halteapparat dem 1. Chakra und zum Teil auch dem 3. Chakra zuordnen. Längere Disharmonien in diesen Energiezentren führen grundsätzlich immer irgendwann zu Zahnerkrankungen.

Reikibehandlung mit dem 1. Grad: Die Zähne täglich mehrmals mindestens jeweils 10 Minuten direkt behandeln. Außerdem die folgenden Positionen täglich über längere Zeit jeweils 10 Minuten zur grundsätzlichen Umstimmung geben - 1a) Kreuzbein, 1b) unter dem Steißbein bis zum Damm; 2a,b) vom prominenten Halswirbel am Halsansatz nach vorne; 3a,b) Fußsohlen von den Zehenspitzen bis zur Fußmitte.

Reikibehandlung mit dem 2. Grad: Mentalbehandlung mit Eingabe. Bei umfangreichen Problemen auch Reiki für das *Innere Kind*.

Naturheilkundliche Ergänzung: Umstellen auf Vollwerternährung, um eine bessere Versorgung mit Vitalstoffen zu gewährleisten. Dies ist aber nur sinnvoll, wenn gleichzeitig von einem Naturheilkundler der Stoffwechsel und eventuell gestörte Organe, besonders im Verdauungsbereich, wieder in die Harmonie gebracht werden. Bei neuralgischen Zahnschmerzen, auch Trigeminusneuralgie, werden frische Weißkohlblätter (nicht die äußersten!) aufgelegt. Diese vorher leicht lauwarm abspülen und zum Beispiel mit einem Nudelholz weichwalzen, so daß der Saft

---

* In meinem »Reiki-Handbuch« ist unter dem Stichwort »Zähne« im Verzeichnis der Sonderpositionen eine Zuordnung zu den Meridianen aufgezeichnet.

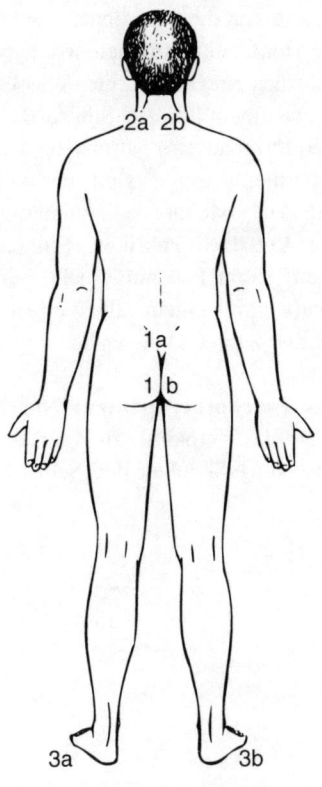

Behandlungspositionen: 1a) Kreuzbein, 1b) unter dem Steißbein bis zum Damm; 2a,b) vom prominenten Halswirbel am Halsansatz nach vorne; 3a,b) Fußsohlen, Zehenspitzen bis Fußmitte.

austritt. Bei Schmerzen durch Löcher kann die Zeit bis zum Zahnarztbesuch durch Anlegen von Nelken, frischen Knoblauch- oder Ingwerstückchen überbrückt werden. Bei Erkrankungen des Zahnfleisches sollten die betroffenen Stellen regelmäßig mit naturbelassenem Honig eingestrichen werden und jeden Morgen vor dem Frühstück ein Glas warmes Wasser mit einem guten Teelöffel Honig und einem Eßlöffel Silicea-Balsam (erhältlich in Apotheken und Reformhäusern) getrunken werden. Auch Kanne Brottrunk® und Fermentgetreide® sind sehr zu empfehlen. Alles muß über längere Zeit - Monate - genommen werden!

Besuch beim Arzt/Heilpraktiker: Ein naturheilkundlicher Zahnarzt sollte auf jeden Fall aufgesucht werden. Optimal ist eine Zusammenarbeit mit einem allgemeinen Naturheilkundler zur Beseitigung der zugrunde liegenden organischen/energetischen Disharmonien.

Besuch eines Psychotherapeuten: Nur bei hartnäckigen Fällen sinnvoll, um das Verhältnis zu Aggression und Selbstbewußtsein, Durchsetzungsfähigkeit und Selbstwertgefühl zu harmonisieren.

Anhang I

Kommentierte Bibliographie

Reiki

»Das Reiki-Handbuch«, eine ausführliche und auf die Praxis der Reiki-Heilung bezogene Anleitung mit umfangreichem ABC der Sonderpositionen, Hinweisen zu Reiki und Medikamenten, Reiki-Meditation, Edelsteinarbeit, Aromatherapie.

»Reiki - Der Weg des Herzens«, dieses Buch ist eine Einführung in Reiki-Do, die Förderung der spirituellen Entwicklung und des Lebensglücks mit Reiki. Eine ausführliche Geschichte der Reiki-Tradition, Anleitungen zum praktischen Gebrauch der Lebensregeln und genaue Beschreibungen der Möglichkeiten der Reiki-Grade. Beide von Walter Lübeck geschrieben und im Windpferd Verlag erschienen.

»Erfahrungen mit der Reiki-Kraft« von Brigitte Ziegler, Windpferd Verlag. Viele interessante Berichte über Reiki-Erfahrungen. Regt zum Ausprobieren und Nachdenken an.

»Die Reiki Kraft« von Paula Horan, Windpferd. Ein wichtiges Buch über Reiki, weil es so viel Gedankengut der ganzheitlichen Medizin in Verbindung mit Reiki beschreibt.

Feinstoffliches Energiesystem

»Das Aura-Heilbuch« von Walter Lübeck, Windpferd Verlag. Eine genaue Anleitung zum Wahrnehmen und Deuten der Aura- und Chakrafelder. Außerdem ein umfangreiches Kapitel über das feinstoffliche Energiesystem des Menschen, das viele Informationen beinhaltet, die sonst im deutschen Sprachraum kaum zu finden sind.

»Chakra-Energie-Karten« von Walter Lübeck, Windpferd Verlag. Ein Orakel für das feinstoffliche Energiesystem, die Haupt- und Nebenchakren und die Felder der Aura. Mit Zuordnungen von Heilsteinen, Bachblüten, Aromen und vielen, liebevoll gestalteten Affirmationen zu jedem Energiezentrum. Affirmationsarbeit in Verbindung mit Reiki I und II, aber auch solo. Die therapeutische Ergänzung zum »Aura-Heilbuch«.

»Das Chakra-Handbuch« von Baginski/Sharamon, Windpferd Verlag. Ein ausgezeichnetes Werk über die Funktionen der sieben Hauptchakren mit vielen Übungen, Zuordnungstabellen und Denkanstößen.

»Der feinstoffliche Körper« von Mann/Short, Windpferd Verlag. Eine sehr interessante Einführung in die verschiedenen Betrachtungsweisen des inneren Energiesystems in den großen spirituellen Traditionen.

Ernährung

»Körner und Keime« von R.-M. Nöcker, Heyne. Alles, was Du wissen mußt, um gesunde, leckere Sprossen und Keime selbst zu züchten.

»Das Vitamin-Programm« von Linus Pauling, Goldmann. L. Pauling ist Nobelpreisträger und einer der bestinformierten Leute in bezug auf Vitamine. Unbedingt lesen!

»Heilen ist einfach« von Friebel/Hoffmann, Vier Flamingos Verlag. Was sich alles gesundheitsmäßig mit Heilerde machen läßt.

»Gesundheit fast zum Nulltarif« von Gisela Friebel, Vier Flamingos Verlag. Was sich alles mit Kanne Brottrunk® für die Gesundheit bewerkstelligen läßt.

»Gesundheit durch Heilkräuter« von Richard Willfort, Rudolf Trauner Verlag. Ein unglaublich umfangreiches Buch über die Heilkräfte von Kräutern, Gemüsen, Früchten, Honig ...

»Die Hollywood Star-Diät« von Judy Mazel, AC Verlag. Sehr amerikanisch geschrieben, aber inhaltlich und methodisch exzellent. Falls Du überlegst, eine Diät zu machen, die gesund sein soll, gut schmeckt, abwechslungsreich und alltagstauglich ist, probiere diese. Auch für Vegetarier geeignet, die aber selbst einiges streichen müssen.

»Ernährung nach den Fünf Elementen« von Barbara Temelie, Joy Verlag. Grundlagen der uralten chinesischen Ernährungslehre, umfassend und verständlich dargestellt.

»Grundlagen der ayurvedischen Kochkunst« und **»Das Ayurveda-Kochbuch«**, beide von Harish Johari, Windpferd Verlag. Zwei ausgezeichnete Bücher über die alte indische Heil- und Ernährungstradition.

Biochemie und Homöopathie

»Biochemie - Eine Volksheilweise« von Dr. H. G. Jaedikke, Alwin Fröhlich Verlag. Eine gute Einführung in die von Dr. Schüßler entwickelte Biochemie. Eine Art Miniausgabe der Hahnemannschen Homöopathie. Die »Biochemie« ist eine wunderbare ganzheitliche Hausapotheke für den Laien.

»Das große Handbuch der Homöopathie« von Eric Meyer (Hrsg.), Ariston. Eine leichtverständliche und gut im Alltag anwendbare Einführung in die Homöopathie.

Metamorphische Methode

»Die Metamorphische Methode« von Gaston St. Pierre und Debbie Boater, Plejaden Verlag; »Metamorphose - Die pränatale Therapie« von Robert St. John, Synthesis Verlag. Zwei Bücher zu einer phantastischen Selbsthilfemethode, die Du unbedingt lesen solltest. Sie wird Dir allein und in Kombination zum Beispiel mit Reiki neue Welten eröffnen.

Biologisch-ökologische Nahrung

»Die Geheimnisse der guten Erde« von Tompkins/Bird, Knaur. Tompkins und Bird schrieben vor einigen Jahren den Bestseller »Das geheime Leben der Pflanzen«. Ihr neues Buch ist vielleicht noch wichtiger. Es zeigt die Möglichkeiten auf, mit denen wir das Ökosystem unseres Planeten und unsere eigene körperliche und geistige Gesundheit durch richtigen Umgang mit Ernährung und Mutter Erde wiederherstellen können.

»Der Garten als Mikrokosmos« von Wolf-Dieter Storl, Knaur. Eine Einführung in die ganzheitliche Gärtnerei, den Umgang mit Pflanzen und viele Anregungen, die Natur einmal anders zu erleben.

Nervosität, Streß und Co.

»Schöner Schuften« von Orthaus et al., KiWi Verlag. Ein tolles Buch zur Heilung der Schuftomanie. Ich arbeite fleißig und ohne Unterlaß damit und meine, daß es mir schon geholfen hat.

»Das Tao des Geldes - Vom spirituellen Umgang mit Geld, Beruf und Besitz« von Walter Lübeck. Mit Geld, Beruf und Besitz im ganzheitlichen Sinne glücklich und erfolgreich umgehen lernen.

Der Alltag als spirituelle Übung

»Einverstanden-Sein« von Baginski/Sharamon, Windpferd. Lerne Deine Schatten kennen, lieben und die verborgenen Kräfte in ihnen nutzen.

»Das Atem-Heilbuch« von Werner Koch, Windpferd Verlag. Ein ausgezeichnetes und unterhaltsam geschriebenes Buch über das Thema »Atmen«. Eines der wenigen Werke zu diesem Thema, die den Weg in mein Bücherregal gefunden haben - weil es so gut ist.

»Der Weg des Wunderns« von Guy Finley, Windpferd. Mit den Augen des Kindes die Welt entdecken lernen und dadurch Heilung und Wachstum ermöglichen.

Anatomie und Reflexzonen

»Der Körper des Menschen« von Prof. Dr. K.-U. Benner, Weltbild Verlag . Ein Wälzer über Außen und Innen des menschlichen Körpers. So gestaltet, daß auch Laien es gut verstehen können und Spaß am Lesen haben.

»Reflexzonen und Somatotopien« von Jochen M. Gleditsch, WBV. Eine umfassende Abhandlung über Reflexzonen aller Art mit reichlich Literaturempfehlungen zur Vertiefung. Wenn Du selbst Sonderpositionen und Behandlungssequenzen für Deine Reiki-Arbeit entwickeln möchtest, bist Du mit diesem Buch gut bedient.

»Esogetik« von Peter Mandel, Energetik Verlag. Peter Mandel hat eine Menge interessantes Wissen über Reflexzonen zusammengetragen. Könnte ausführlicher und tiefgründiger sein, aber ist auch so eine echte Hilfe.

»Die heilende Kraft der Emotionen« von Dr. John Diamond, VAK. Kinesiologie in bezug auf die Akupunkturmeridiane, Reflexzonen zum Testen und Behandeln, interessante Zuordnungen zur Biochemie.

Gesundheit und Krankheit aus ganzheitlicher Sicht

»**Die Wissenschaftliche Homöopathie - Theorie und Praxis naturgesetzlichen Heilens**« von Georgos Vithoulkas, Burgdorf Verlag. Einer der besten Homöopathen unserer Zeit legt in diesem umfangreichen Buch die Gesetzmäßigkeiten ganzheitlichen Heilens auch für Laien verständlich und spannend und gleichzeitig sehr tiefschürfend dar.

»**Das Pendel Handbuch**« von Walter Lübeck, Windpferd Verlag. Pendeln für Laien und Profis. Mit einer umfangreichen Sammlung von Pendeltafeln die in einer Art Orakelsystem u.a. nutzbar zur ganzheitlichen Diagnose von Befindlichkeitsstörungen angeordnet sind. Harmonisierende Mittel wie Blütenessenzen, Aromen oder Heilsteine können so ebenfalls ermittelt werden.

Anhang II

Organ- und funktionsbezogene Übersicht heilkräftiger Lebensmittel

Damit Du kreativ mit heilender Nahrung umgehen kannst, habe ich Dir im folgenden Text eine organ- und funktionsbezogene Zuordnung zusammengestellt.

Achte in der Praxis bitte unbedingt auf diese Regeln: Überzüchtete, unter unnatürlichen Bedingungen aufgewachsene Pflanzen, längere Zeit gelagerte, nicht frisch verwendete und größeren Temperaturschwankungen ausgesetzte Früchte und Gemüse haben meist nur eine geringe Heilkraft. Stammen sie aber aus biologisch-ökologisch orientiertem Anbau, zum Beispiel unter der Bezeichnung Demeter® oder Bioland®, werden sie um die Erntezeit herum frisch verwendet und nicht durch übermäßige Temperaturschwankungen belastet, ist ihre Heilkraft immens! Das zu Beginn von Kapitel 4 geschilderte schamanische Ritual kann die Wirkungen noch steigern. Bei schweren oder längerfristigen Erkrankungen bitte immer den behandelnden naturheilkundlichen Mediziner über die Anwendungen informieren, da im Einzelfall Situationen auftreten können, die sich auch im umfangreichsten Buch nicht berücksichtigen lassen. Und nun die Zuordnung:

Leber/Galle: Weizenkeime; Honig; Vollwert-Reis; Löwenzahn; Brennessel; Rettich; Erdbeere.

Nieren: Erdbeere; Thymian (entzündungshemmend); Karotte; Hafer; Fenchel; Gurke; Kürbis.

Lungen: Hafer; Honig; Brennessel; Zwiebel; Honig; Meerrettich.

Bauchspeicheldrüse: Löwenzahn; Tomaten; zur Entlastung

155

der insulinbildenden Funktion: Topinambur und Bohnenschalentee.

Magen: Löwenzahn; Tomaten; ganz frisch zubereiteter Weißkohl(-saft); Anis; Weizen; Silicea-Balsam.

Stoffwechsel allgemein: Kürbis; Zwiebel; Knoblauch; Karotte, Weißkohl; Sauerkraut(-saft); Kanne Brottrunk®, Fermentgetreide®; Honig.

Darm/Verdauung: Kefir; Joghurt; Kanne Brottrunk®; Sauerkrautsaft; Silicea-Balsam; Honig.

Psyche: Johanniskraut; Melisse; Knoblauch; Baldrian; Kanne Brottrunk®, Hafer.

Entgiftung von Radioaktivität und Heilung davon verursachter Schäden: Miso; Kopfsalat; Brennessel; Kanne Brottrunk®.

Adressen

Eine ständig aktualisierte umfangreiche Liste mit Reiki-Meistern im In- und Ausland versendet der Verlag gegen Einsendung eines adressierten und frankierten A5-Rückumschlages (bei Wohnort außerhalb Deutschlands: internationalen Antwortschein beilegen):

Windpferd Verlag
"Reiki-Hausapotheke"
Postfach
D - 87648 Aitrang

Merlin´s Magic

Reiki

**Musik zur Reiki-Behandlung,
Inspiration und Heilung**

Die Reiki Musik wurde speziell für
die Reiki Behandlung komponiert
und eignet sich vorzüglich als musi-
kalisches Umfeld für alle möglichen
Techniken zur Harmonisierung und
sanftem Energieausgleich.
Die Wirkung von Reiki, Massagen
und Meditationen u.a. wird durch
die harmonische Komposition und
Instrumentierung unterstützt und
vertieft. Wegen ihrer Harmonie und
Wohlbefinden verbreitenden Wirkung wird die Reiki-Musik von nam-
haften Reiki Meistern*) auf das herz-
lichste empfohlen
*) *Shalila Sharamon und Bodo J.
Baginski, Ursula Klinger-Raatz,
Walter Lübeck, Paula Horan,
Brigitte Ziegler u.a.*

MC, ISBN 3-89385-736-2 DM 28,-
CD, ISBN 3-89385-735-4 DM 38,-
Spieldauer: 60 Minuten

Shalila Sharamon, Bodo Baginski
& Merlin´s Magic

Chakra-Meditation

**Eine akustische Reise nach
innen zu den Zentren der Kraft.**

Chakra-Meditation entführt den
Zuhörer mit subtilen Klängen und
inspirierenden Texten in seine
inneren Welten. Die Kompositionen,
die Töne, die Instrumentierung und
die fein in die musikalische Struktur
eingewobenen Naturklänge sind ein
faszinierendes und inspirierendes
Werk, das in der Welt der meditati-
ven Musik neue Maßstäbe setzt.
>Kassette einlegen, zurücklehnen,
entspannen, zuhören.< Und schon
beginnt ein faszinierendes Abenteu-
er, eine Reise nach innen, zu den
Zentren der Kraft.

MC mit 53 Min. Spieldauer
Text und Musik
in Buchbox mit Begleitheft
ISBN 3-89385-060-0   DM 29,80

Walter Lübeck

Rainbow-Reiki

Alte und neue Techniken zur Erweiterung des Reiki-Systems um kraftvolle spirituelle Fähigkeiten

Rainbow-Reiki ist ein erprobtes System komplexer Energiearbeit. Grundlage von Rainbow-Reiki, einer gelungenen Kombination alter und neuer Methoden, ist das Usui-System des Reiki.
Rainbow-Reiki erweitert das Usui-Reiki-System um hochwirksame Techniken der Energiearbeit und gibt Möglichkeiten zur direkten Zusammenarbeit mit feinstofflichen Wesen beziehungsweise Lehrern. Die Herstellung von Reiki-Essenzen ist ebenso Teil des Systems wie geführte Aura- und Chakra-Arbeit, der Umgang mit Kraftplätzen, auch die Schaffung neuer eigener Kraftplätze mittels Reiki-Mandalas gehört dazu.

240 Seiten, DM/SFr 24,80
ÖS 194,00 ISBN 3-89385-125-9

Walter Lübeck

Handbuch des spirituellen NLP

Geistige Brücken, die Herz und Verstand auf harmonische Weise verbinden und eine neue Lebendigkeit bewirken

Spirituelles NLP ist die gelungene Kombination von verschiedenen bewährten therapeutischen Modellen zu einem Kurzzeit-Therapie-Programm auf spiritueller Basis: die Förderung von Liebe, Bewußtsein und Eigenverantwortung – eine konsequente Weiterentwicklung bewährter Methoden, um essentielle Aufgaben zu bewältigen und große Lebensziele zu erreichen – durch Einbeziehung des Inneren Kindes und des Höheren Selbst. Spirituelles NLP berücksichtigt im besonderen spirituelle Erkenntnisse über Sinn und Struktur der menschlichen Existenz.

256 Seiten, DM/SFr 24,80
ÖS 194,00 ISBN 3-89385-124-0

Ursula Klinger Raatz

Reiki mit Edelsteinen

Mit universaler Lebenskraft und den lichtvollen Kräften edler Steine zur ursprünglichen Harmonie finden

Ursula Klinger-Raatz, Autorin des weltweit erfolgreichen Bestsellers »Die Geheimnisse edler Steine« verbindet in »Reiki mit Edelsteinen« zwei natürliche, heilsame Kräfte zu effekt-voller gemeinsamer Wirkung. Während Reiki - die universale Lebenskraft - körperliche und seelische Funktionen wieder in ursprüngliche Harmonie bringt, konzentrieren Edelsteine lichtvolle Kräfte und Farbschwingungen in den Chakren, deren uneingeschränkte Funktion für Vitalität und Wohlbefinden von ausschlaggebender Bedeutung ist.

160 Seiten, DM 19,80
ISBN 3-89385-067-8

Walter Lübeck

Das Reiki Handbuch

Von der grundlegenden Einführung zur natürlichen Handhabung. Eine vollständige Anleitung für die Reiki-Praxis

Reiki bedeutet universale Lebenskraft. Mit der Reiki-Energie läßt sich das innere Selbst mit dem äußeren Wirken in Harmonie bringen. Der Autor, Walter Lübeck, ist praktizierender und erfahrener Reiki-Meister und schreibt aus langjähriger praktischer Erfahrung. Im »Reiki-Handbuch« werden die Geheimnisse und die Anwendungsmöglichkeiten dieser subtilen Heilkraft, und wie man sie erlangen kann, umfassend beschrieben. Es ist ebenso ein einführendes Werk wie ein detailgenaues Lehrbuch für den eingeweihten Reiki-Praktizierenden.

256 Seiten, DM 24,80
ISBN 3-89385-064-3

Walter Lübeck

Die Chakra-Energie-Karten

Heilende Worte für Körper, Geist und Seele. Besonders geeignet für die Verwendung im Zusammenhang mit Aromatherapie, Bachblüten, Heilsteinen und Reiki

Die Chakra-Energie-Karten sind heilende Worte für Körper, Geist und Seele. Das Set enthält 126 Karten mit Affirmationen und ein Anleitungsbuch. Zu jeder Affirmation ist mindestens ein Hinweis auf einen besonderen Heilstein, eine passende Duftessenz und eine Bachblüte gegeben. Die Verwendung der farbenvollen Karten im Zusammenhang mit Aroma- und Bachblütentherapie, Edelstein-Anwendungen und Reiki ist ausführlich beschrieben. Die Karten unterstützen jede Form von spiritueller Heilungsarbeit.

Set mit 156 Karten und 128seitigem Buch, DM 49,80

Chris Foster

Wind über den Wellen

Liebe und Leben, Karma und Schicksal, verwoben in das feine Netz subtiler Energie, das alles Lebendige miteinander verbindet

Dieses Buch berührt das Herz wie ein wärmender, liebevoller Lichtstrahl. Liebe verbindet alle Wesen und Erscheinungen. Sie ist eine Macht, stärker als alles Unglück, alle Angst oder Einsamkeit. Und sie besitzt die Kraft zu verwandeln. Die Geschichte: vier Lebenswege, die nur scheinbar zufällig zusammengeführt werden - und ein verbindendes Netz von Energien ist ins Leben gerufen. Ein Wal, ein zweitausend Jahre alter Redwood-Baum, ein Mann und eine Frau. Eine Liebesgeschichte und zugleich eine Einführung in die Zusammenhänge zwischen der spirituellen, ökologischen und emotionalen Wahrheit des Lebens.

144 Seiten, DM 16,80
ISBN 3-89385-105-4